SUELI BENVENUTO

(Re)escrevendo
MINHA HISTÓRIA

Da resiliência ao reconhecimento: a jornada empreendedora de superação e sucesso

Literare Books INTERNATIONAL
BRASIL · EUROPA · USA · JAPÃO

Copyright© 2024 by Literare Books International
Todos os direitos desta edição são reservados à Literare Books International.

Presidente do conselho:
Mauricio Sita

Presidente:
Alessandra Ksenhuck

Vice-presidentes:
Claudia Pires e Julyana Rosa

Diretora de projetos:
Gleide Santos

Consultora de projetos:
Bruna Barboza

Capa:
Gabriel Uchima

Projeto gráfico e diagramação:
Alexandre Alves

Revisão:
Ivani Rezende

Impressão:
Vox Gráfica

Dados Internacionais de Catalogação na Publicação (CIP)
(eDOC BRASIL, Belo Horizonte/MG)

B478r Benvenuto, Sueli.
Reescrevendo minha história / Sueli Benvenuto. – São Paulo, SP: Literare Books International, 2024.
152 p. : 16 x 23 cm

ISBN 978-65-5922-831-7

1. Biografia. I. Título.

CDD 920

Elaborado por Maurício Amormino Júnior – CRB6/2422

Literare Books International.
Alameda dos Guatás, 102 – Saúde– São Paulo, SP.
CEP 04053-040
Fone: +55 (0**11) 2659-0968
site: www.literarebooks.com.br
e-mail: literare@literarebooks.com.br

FSC MISTO
Papel
FSC* C187267

SUMÁRIO

Agradecimentos 7
Prefácio 9
Introdução 13

1. Memórias de coragem e dor 15
2. Diários de determinação 27
3. A jornada acadêmica e profissional 33
4. A busca por realização profissional 43
5. Nascendo de uma ideia divina 51
6. Minha jornada no mundo da moda 61
7. Confiança é fundamental 71
8. Confeccionando sonhos sustentáveis 75
9. A agulha e a aprendiz: contos de uma costureira moderna 83
10. A história das Máscaras da Su 87
11. Companheirismo e independência 95
12. A renúncia consciente 117
13. Orquestrando o sucesso 125
14. O cliente no centro das decisões 133
15. Fé e propósito 139

Mensagem final 147
Sobre Sueli Benvenuto 151

Ao Senhor Jesus,
Minha inspiração, minha força, o autor da minha vida.
Obrigada por estar aqui conduzindo um ser pequeno diante da Tua Grandeza.
Tu és e sempre serás meu consolo, refúgio e fortaleza.
Toda honra e glória ao Senhor!

AGRADECIMENTOS

Em primeiro lugar, agradeço ao meu Senhor Jesus por iluminar meu caminho, oferecendo-me resiliência nos desafios e celebração nas vitórias.

Ao meu amado esposo, Willian Ricaldes, por seu apoio inabalável, amor dedicado e compreensão constante que tornam as realizações ainda mais significativas.

À minha mãe, Odemilda, pelas palavras de apreço e encorajamento que foram como um vento constante impulsionando-me além de limites, tornando-me quem sou hoje.

A meu sobrinho, David, sua presença e carinho têm sido uma fonte constante de alegria e inspiração, iluminando os dias mais desafiadores.

À minha querida irmã caçula, Elidiane, que não apenas apoia, mas também encoraja minhas ideias que inicialmente parecem malucas, mas, para nossa surpresa, frequentemente se concretizam.

À Beatriz, que com amor e carinho tem sido minha confidente e conselheira, guiando-me com sabedoria em cada decisão importante.

A todos os que compartilharam suas experiências e conhecimentos para que este livro fosse entregue com todo zelo e excelência, pois têm desempenhado um papel vital em minha jornada.

Com amor.

PREFÁCIO

Recebi um convite muito especial da minha esposa, Sueli, para escrever um prefácio do seu livro, contando uma trajetória incrível de empreendedorismo. Quando eu a conheci, ela estava ampliando sua empresa e, mesmo empreendendo no Brasil não sendo fácil, nada disso a desanimava, pelo contrário, ela levava tudo com muita leveza, otimismo, fé e um sorriso no rosto. O que você vai ler nos próximos capítulos são sinônimos puros de fé e determinação.

Eu estava com ela em algumas mudanças da sua empresa, desde o aumento da equipe até seu primeiro prêmio nacional e internacional. O crescimento como empresária não foi uma surpresa para mim, mas sim uma recompensa de muito trabalho duro. Às vezes, haverá pessoas falando que tudo foi fácil e que ela ganhou isso de alguém, mas eu vou te contar um segredo: "Deus abençoou todo seu caminho".

Uma das coisas que você irá aprender com a Sueli é que tudo é feito com excelência e dedicação no trabalho. Mesmo quando pareceu difícil, ela dava um jeito de se tornar fácil. E com essa visão, ela fez sua empresa crescer e abriu outras em segmentos diferentes. Uma qualidade visível no seu trabalho e também na vida pessoal! Acredito que isso vai servir de aprendizado para pessoas que lerem o livro.

Acreditar é uma palavra importante que você precisa grifar no seu dicionário e colocar no espelho do banheiro. Não só escrever, mas sim pôr em prática, pois é preciso acreditar em si mesmo para realizar seus sonhos. Em uma conversa com Sueli de cinco minutos, ela vai compartilhar a fé de que tudo é possível e vai se tornar a maior incentivadora dos seus objetivos. Com ela, aprendi que poderia acreditar e realizar os meus sonhos, podendo desfrutar de todas nossas conquistas. O mais importante feito de todos foi ela ter me ganhado para Jesus em um dos momentos difíceis que eu estava passando, por isso digo à ela: agradeço por compartilhar tudo com você, minha margarida.

William Ricaldes

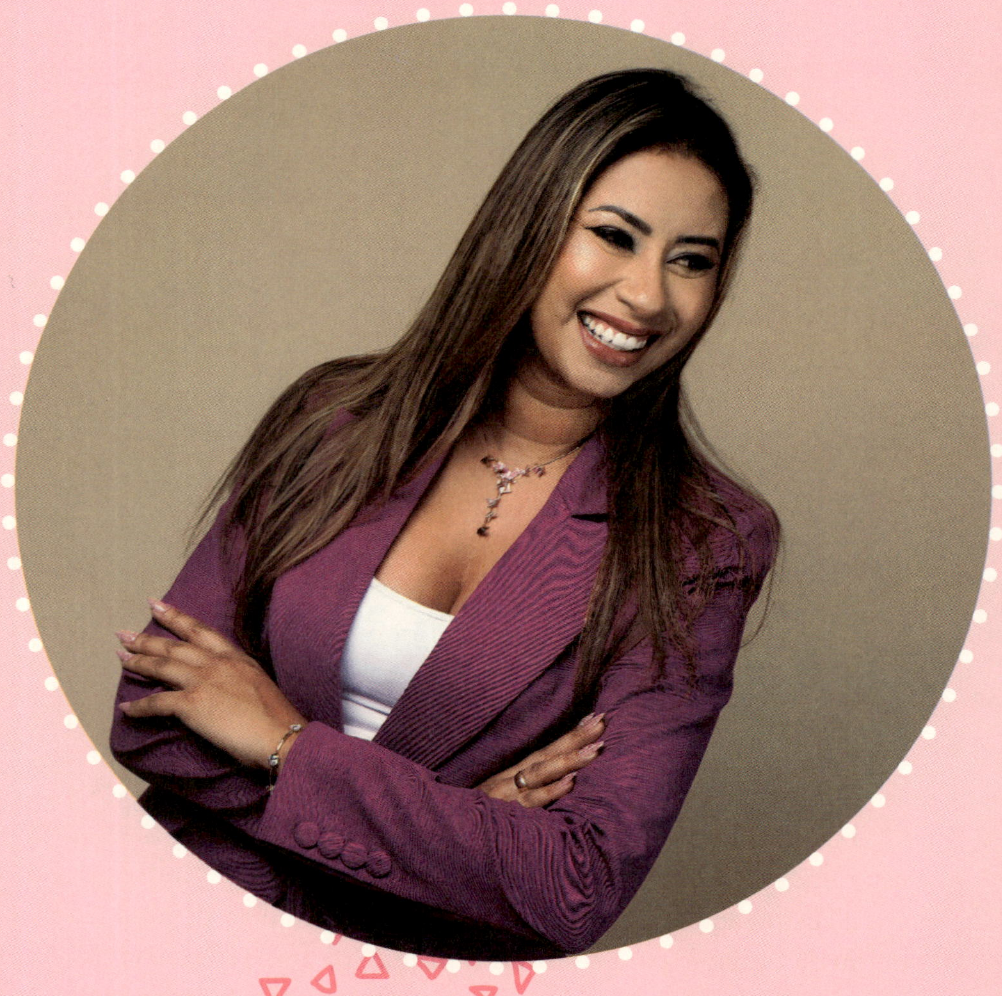

INTRODUÇÃO

*M*ulher.
*E*mpreendedora e resiliente.
*D*ependente de Deus.

Esta sou eu, Sueli, prazer! Mas nem sempre tudo foi assim. Minha trajetória se desenrolou como uma trama complexa, entrelaçada com aventuras tristes que, ao longo do tempo, transformaram-se em episódios vibrantes de alegria. Cada dia é ainda um desafio, uma nova montanha a escalar, mas o horizonte é sempre promissor. Reconheço que minhas experiências não são únicas; muitos já percorreram caminhos semelhantes, às vezes mais árduos, muitas vezes sem vislumbrar uma saída.

Contudo, aqui estou, prova viva de que a metamorfose é possível. Minha história e os caminhos que precisei percorrer para estar onde estou podem ser como uma voz que grita: "Sim, é possível!". Estou aqui para mostrar como se pode ir além de uma vida de mediocridade, para se tornar um marco, uma referência. Minha missão é compartilhar as lições que a vida me ensinou, como manter a chama da esperança acesa e como, com coragem e determinação, podemos nos reinventar e escrever um novo capítulo em nossas histórias.

CAPÍTULO 1
MEMÓRIAS DE CORAGEM E DOR

Uma grande família meus pais formaram: seis meninas e um menino; eu fui a quinta filha. Quase fomos oito no total, mas, tristemente, um faleceu no parto. Nasci em uma família de raízes nordestinas, meus pais migraram para São Paulo quando ainda eram muito jovens. O ambiente em que cresci foi marcado por dificuldades e desafios inimagináveis.

Meu pai, um homem consumido pelo alcoolismo, era a tempestade constante em nossas vidas. Suas ações eram imprevisíveis e, muitas vezes, destrutivas. Quase todos os dias, ele espancava minha mãe, deixando-a com ferimentos graves – cabeça cheia de pontos, braços quebrados. E como se isso não fosse suficiente, ele a humilhava, forçando-a a dormir no quintal em noites frias. Nessas horas, minha irmã mais velha, uma heroína silenciosa, abria a porta para que nossa mãe pudesse entrar e encontrar um pouco de calor e conforto.

Além do tormento que minha mãe enfrentava, meus irmãos mais velhos também sofriam nas mãos de nosso pai. A violência e a dor eram companheiras constantes em nossa casa. Eu mesma, entre os seis e oito anos, sofria de dores de cabeça terríveis, tão intensas que minha mãe muitas vezes tinha que me carregar e me acalmar em seus braços, me colocando para dormir ao seu lado, buscando oferecer algum consolo em meio à tempestade.

A situação mudou drasticamente quando meu pai nos abandonou para viver com a amante, que mais tarde se tornou sua esposa. Na época, minha irmã caçula tinha apenas um ano de idade. Minha mãe, que havia sido proibida de trabalhar pelo meu pai, viu-se com a imensa responsabilidade de sustentar sete filhos sozinha. Com força e determinação que só agora consigo compreender plenamente, ela começou a trabalhar como empregada doméstica. Muitas vezes, cuidava de duas ou três casas, acordando ainda de madrugada para começar sua jornada, tudo para garantir que pudéssemos sobreviver.

Minha vida, desde o princípio, foi cercada por dificuldades e obstáculos que surgiram como sombras implacáveis. Não nasci sob o brilho de um berço de ouro, e desde que me entendo por gente, compreendi que, se quisesse algo diferente daquilo, seria responsável por tecer uma trajetória que me levaria longe daquele cenário sombrio.

Quando a infância começou a fazer sentido para mim, percebi que nossas acomodações eram limitadas. Habitávamos uma casa frágil, erguida sob um tênue telhado que abrigava um único quarto, um banheiro precário, uma modesta sala e uma cozinha humilde em Ferraz de Vasconcelos. Minha cama era o chão, e a companhia noturna mais temida era o frio que se instalava implacavelmente. Noites e noites foram marcadas por tremores de frio, e a doença era uma sombra constante que pairava sobre mim.

No entanto, uma noite em particular persiste em minha memória como uma ferida aberta: um rato, um indesejado visitante, encontrou abrigo em meus cabelos. Foi um episódio traumático

Casa onde passei minha infância.

que me deixou marcada; e as lágrimas derramadas naquela noite doem em meu coração até hoje. Lembrar destes e de outros fatos ainda hoje me faz chorar. O rato fugiu, mas o medo permaneceu, tornando cada som noturno um motivo para despertar.

Minha mãe, com sua luta incansável, muitas vezes precisava buscar mantimentos fiados no mercadinho da esquina. No entanto, quando as contas se acumulavam e as dívidas se tornavam insuportáveis, o dono do estabelecimento se recusava a fornecer o básico para nossa sobrevivência.

Restos do passado de meu pai, algumas garrafas de cerveja tipo "tubaína" eram moedas de troca que tínhamos. Vender essas garrafas ao Sr. João ou trocá-las por comida eram estratégias para manter o ventre minimamente satisfeito. Mas, assim como tudo na vida, essas garrafas se esgotaram, e nossas esperanças pareciam acabar junto.

A chegada à escola, apesar de minha vontade de aprender, era um desafio emocional diário. Lágrimas frequentemente encharcavam meus cadernos e estojo. Pela vergonha e buscando não ir para

(Re)escrevendo MINHA HISTÓRIA

Foto tirada na primeira série da escola.

a escola, eu escondia meus materiais escolares atrás do guarda-roupa. Tinha vergonha das roupas surradas que vestia. Minhas colegas de classe sempre pareciam impecáveis, com suas lancheiras recheadas, enquanto eu recorria à merenda escolar para saciar a fome. Evitar novas amizades era minha estratégia, pois a vergonha me impedia de mostrar quem eu era.

Meus pés calçavam um único par de sapatos "moleca" cujo estado refletia minha realidade. Eles se desgastavam, e um buraco surgiu na ponta de um deles. Para disfarçar, eu aplicava uma camada de tinta branca, um toque mágico que ocultava a miséria de minhas meias.

A quarta série me apresentou a uma professora de matemática cujo único prazer parecia ser minha humilhação. Eu lutava para entender as contas – multiplicar e dividir –, suas aulas eram um suplício. Ela me chamava à lousa para resolver problemas, e meu fracasso era motivo de risos e deboches do pessoal da sala. Chorei em todas as aulas, mas a vergonha e o desespero me silenciavam.

Essa tortura perdurou por dois longos anos, período em que eu era o alvo de sua crueldade. Minha irmã, estudando em turmas mais avançadas, ficou sabendo quando essa professora pediu que ela tentasse me ensinar as contas. Hoje percebo que aquela mulher tinha prazer em me fazer sofrer. Eu a detestava e temia suas aulas, mas não tinha escolha, eu precisava continuar, pois, naquela época, a reprovação era uma ameaça constante.

Ao entrar na sexta série, um novo professor de matemática se apresentou, e sua abordagem não era diferente. Novamente, a matemática se tornou um campo minado em minha vida escolar. No entanto, eu me recusava a aceitar ser humilhada por uma figura masculina, pois, criada sem a presença paterna, não permitiria que nenhum homem falasse alto comigo ou me menosprezasse. E assim, mais lágrimas foram derramadas.

Minha infância e adolescência foram repletas de desafios, mas essas experiências moldaram minha determinação de buscar um futuro melhor. As lembranças dolorosas do passado me acompanham, mas elas também fortalecem minha resiliência e minha vontade de superar adversidades. A vida pode ser cruel, mas eu escolhi lutar.

No meio de todas as dificuldades que enfrentávamos, havia uma vizinha que parecia ter uma vida mais confortável do que a nossa. Ela e suas duas filhas se empenhavam em nos humilhar a todo custo. Moravam em um sobrado atrás de nossa casa, com uma visão direta para nossa caixa d'água. Em algum momento, a tampa da caixa foi arrancada por ventanias impiedosas, e essa vizinha não hesitou em jogar restos de comida em nossa água, iniciando assim uma infestação de parasitas.

Essa mulher arrogante não poupava esforços para nos prejudicar. Ela nos xingava com palavras ofensivas e fazia de tudo para manchar nossa reputação. Lembro-me vividamente de um episódio em que minhas irmãs voltaram para casa visivelmente abaladas. Ela havia arremessado pedaços de melancia em direção a elas, debochando da nossa situação. Nossa casa, com seu teto frágil, era alvo constante de suas pedras lançadas. Nos dias de chuva, o telhado gotejava, transformando nossa moradia em um lugar molhado e inóspito.

A vizinha maligna, com sua crueldade insensível, acabou se mudando para outro estado. No entanto, ela jamais soube das lutas e dos sacrifícios profundos que enfrentávamos diariamente. Hoje, posso reconhecer em parte sua falta de compreensão, mas a verdade é que vivíamos em condições precárias. Minha mãe tomava medidas extremas para alimentar a família. Lembro-me das vezes em que éramos enviados ao açougue para pedir ossos para os cachorros, embora esses ossos não fossem para eles. Minha mãe usava esses ossos para dar sabor a uma polenta que seria nossa refeição. Chegamos a ponto de dividir um único ovo entre sete pessoas, e minha mãe o transformou em uma omelete para render mais.

A caixa d'água, equilibrada sobre duas madeiras apodrecidas no topo do banheiro, era um risco constante. Não tínhamos recursos para substituir essas madeiras frágeis, confiávamos na sorte. Nem sempre tínhamos comida suficiente, quanto mais para trocar as tábuas podres. Em um dia tranquilo, por volta das 14h, quando eu tinha cerca de 12 anos, algo terrível aconteceu. A caixa d'água despencou do alto, quase atingindo minha irmã Silvani, que estava prestes a tomar banho. Por um verdadeiro milagre, ela não entrou no banheiro. O estrondo foi tão alto que atraiu todos os vizinhos, e o Sr. Fernando, nosso vizinho mais próximo, veio nos socorrer. A água se espalhou por toda a casa, invadindo a sala, o quarto e a cozinha. Graças a Deus, minha irmã escapou do pior.

Outros episódios trágicos envolveram tempestades com ventos fortes que arrancaram os telhados de nossa casa. Ficamos seis meses sem telhado na cozinha e no banheiro. Naquela época, o dinheiro que minha mãe ganhava mal dava para pagar as contas e

◀ Foto com 10 anos de idade.

nos alimentar. O Sr. Fernando e a dona Cida eram nossos anjos da guarda. Eles nos ajudaram inúmeras vezes, fornecendo água quando a nossa faltava e até mesmo luz quando cortavam a nossa eletricidade. Nunca tivemos festas de aniversário. As poucas festas, para as quais éramos convidados, eram as da filha da dona Cida.

O café da manhã muitas vezes consistia em pão do dia anterior, reaquecido no forno, transformado em torradas, acompanhado por uma xícara de café. Era o suficiente para nos mantermos de pé, mas a abundância estava fora de nosso alcance. Houve um período em que minha tia, irmã do meu pai e a quem eu estimo muito, veio morar conosco. Ela vendia coxinhas e esfihas por encomenda para bares e restaurantes e, durante esse tempo, sempre tínhamos algo para comer. Seja uma esfiha ou coxinhas de frango e carne. Quantas vezes minha tia nos alimentou com seus salgados! A miséria era uma constante em nossa vida. A vassoura que minha mãe usava era feita de mato, retirado do quintal e amarrado no cabo. Quando nossos chinelos quebravam, nós mesmos os consertávamos, pregando pedaços de correia na parte inferior.

Quando minha mãe começou a trabalhar como doméstica, lembro-me de que sua patroa era dona de um frigorífico. Todos os fins de semana, ela dava para minha mãe frango para preparar aos domingos. Minha mãe dividia o frango, guardando o peito para ser consumido durante a semana, enquanto as outras partes eram servidas no domingo.

Entretanto, essa patroa generosa começou a nos ajudar de outras maneiras. Ela começou a doar roupas, sapatos e muitos brinquedos para nós. Houve um dia em que ela viajou de São Caetano do Sul até a casa da minha mãe, trazendo malas e malas cheias de roupas e brinquedos. Ela nos deu quase toda a coleção da Barbie e da Moranguinho para minha irmã mais nova e eu. Acredito que foi Deus quem colocou essa mulher em nosso caminho.

Minha mãe acordava muito cedo, por volta das 3 horas da manhã, para trabalhar em duas casas de família no Morumbi. Ela fazia isso para trazer alimento para nós. Era um sacrifício diário que ela enfrentava para garantir que tivéssemos o que comer.

Outro episódio marcante aconteceu quando eu estava na 6ª série e houve uma excursão programada para o Museu do Ipiranga. O ingresso custava apenas R$ 6,00, mas naquela época era como se fossem R$ 60,00. Minha irmã mais velha fez de tudo para conseguir essa quantia, pois eu estava tão empolgada com a excursão. Ela chegou em casa após o trabalho e disse que não tinha conseguido juntar o dinheiro necessário. Fiquei desapontada naquela época.

Hoje, moro perto do Museu do Ipiranga e estou planejando visitá-lo em breve. No entanto, aquela empolgação da juventude já não existe mais.

Quando completei 18 anos, havia um concurso público que eu desejava muito fazer. Inscrevi-me, mas no dia de fazer a prova, não tinha dinheiro suficiente para a passagem de trem de ida e volta. Ah, como chorei naquele dia, parecia que nada estava a meu favor.

Além dessas dificuldades, havia outra: minha saúde sempre foi frágil. Vivia constantemente doente. Aos 7 anos, tive caxumba, o que me afastou por três meses da escola. Depois disso, sofri constantemente de amidalite, que só operei aos 24 anos. Minha mãe, preocupada, chegou a pensar que eu não sobreviveria por muito tempo. Essas experiências, embora duras, moldaram minha determinação e fortaleceram minha resiliência, características que me acompanhariam pelo resto da vida.

As dificuldades enfrentadas durante a infância, como a pobreza e a violência doméstica, têm um impacto profundo e duradouro na vida de uma pessoa. Esses desafios não apenas moldam as circunstâncias imediatas, mas também influenciam profundamente a personalidade, as crenças e as escolhas futuras.

Enfrentei de perto a realidade da violência doméstica e de gênero, experiências que me impulsionaram a buscar um entendimento mais profundo e técnico sobre esses temas. A violência doméstica, como testemunhei, é um ciclo destrutivo que afeta não apenas a vítima direta, mas também todos ao seu redor. Ela se manifesta de diversas formas: física, emocional, psicológica e financeira. A complexidade dessa violência reside em sua natureza íntima, muitas vezes ocorrendo nas mãos de alguém que deveria oferecer amor e proteção.

Estudando mais a fundo, aprendi que a violência de gênero, da qual a violência doméstica é uma faceta, é um problema enraizado nas desigualdades de poder entre os gêneros. Essa violência é perpetuada por normas sociais e culturais que historicamente colocam as mulheres em posições de menor poder e submissão. As estatísticas são alarmantes: uma em cada três mulheres em todo o mundo sofre alguma forma de violência física ou sexual ao longo da vida, conforme apontado por organizações globais de saúde e direitos humanos.

Crianças que crescem em ambientes de pobreza e violência frequentemente desenvolvem uma resiliência incrível. Elas aprendem a se adaptar a circunstâncias em constante mudança e a encontrar força mesmo nas situações mais desafiadoras. Por outro lado, essas experiências também podem deixar cicatrizes emocionais e psicológicas, como baixa autoestima, ansiedade e dificuldades de relacionamento.

Superar esses traumas não é um caminho linear ou fácil. Muitas vezes, requer um processo contínuo de cura e autoconhecimento. O apoio de amigos, familiares, mentores ou profissionais de saúde mental pode ser crucial. A terapia, por exemplo, oferece um espaço seguro para explorar e entender as experiências passadas e seus impactos.

Além do apoio externo, a superação também envolve um processo interno de reconhecer e validar as próprias emoções e experiências. A construção de uma narrativa pessoal positiva, focando nas forças e na capacidade de superação, pode ser um fator poderoso de resiliência. Além disso, o engajamento em atividades que promovam o bem-estar, como *hobbies*, exercícios físicos e práticas de *Mindfulness*, contribuem para a recuperação e fortalecimento emocional.

Importante também é a capacidade de transformar essas experiências adversas em algo positivo. Muitas pessoas que passaram por dificuldades na infância encontram propósito em ajudar os outros, seja por meio de carreiras na área de serviço social, voluntariado ou, simplesmente, sendo uma voz de apoio e compreensão para aqueles que enfrentam desafios semelhantes.

Portanto, embora a pobreza e a violência doméstica na infância possam ser profundamente marcantes, com o apoio adequado e um compromisso com a autocura e o crescimento pessoal, é possível não apenas superar esses traumas, mas também utilizá-los como um trampolim para um futuro de resiliência, compaixão e sucesso.

Um marco importante em minha vida aconteceu quando eu tinha 14 anos. Minha mãe se casou novamente, e meu padrasto, Senhor Juberto, se tornou a figura paterna que nos faltava. Ele era um homem de grande respeito, que cuidou de nós e nos tratou como se fôssemos seus filhos. Sua presença trouxe uma nova luz para nossas vidas.

Senhor Juberto não apenas nos deu amor e cuidado, mas também me incentivou muito profissionalmente. Ele nos levava para passear, nos apresentava a restaurantes e praias. Foram momentos incríveis, cheios de alegria e novas experiências. Infelizmente, a vida tem suas voltas injustas e complicadas. Quando eu tinha 23 anos, ele faleceu de câncer, uma perda que nos abalou profundamente.

A lembrança de seu apoio e carinho permanece viva em minha memória. Ele foi mais do que um padrasto para mim; um incentivador e, acima de tudo, um verdadeiro pai. Essa fase da minha vida, embora tenha sido interrompida cedo demais, foi repleta de felicidade e aprendizados que carrego até hoje. A gratidão por ter tido o Senhor Juberto em minha vida é imensa, e os ensinamentos que ele me deixou continuam a influenciar a pessoa que sou.

No meio da minha jornada, aos 34 anos, vivi um momento significativo de reconciliação e perdão. Após anos de distância e mágoas, consegui o contato do meu pai. Com o coração aberto e a intenção de deixar o passado para trás, liguei para ele e propus um almoço, um momento para nos reconectarmos e conversarmos. Naquele encontro, escolhi perdoar-lhe por tudo o que havia acontecido durante a minha infância e adolescência.

Hoje, mantenho um bom relacionamento com ele. Conversamos regularmente ao telefone, uma comunicação que valorizo muito. Esse reencontro e o ato de perdoar foram passos importantes para a minha cura emocional e para a construção de novos caminhos na minha vida pessoal. Mostra que, apesar dos desafios e dores do passado, é possível encontrar espaço para o perdão e a reconciliação, abrindo portas para novas possibilidades e relações mais saudáveis e positivas.

    E, claro, no meio de todas as tempestades que enfrentei, o meu encontro com a fé foi como achar um oásis em um deserto.

CAPÍTULO 2
DIÁRIOS DE DETERMINAÇÃO

Desde muito nova, as dificuldades financeiras foram uma constante em minha vida. Crescer em uma família numerosa com recursos limitados era uma luta diária para todos nós. Cada dia era uma batalha para garantir o básico: comida, roupas, um teto sobre nossas cabeças. Essas adversidades, porém, em vez de me desanimarem, moldaram em mim uma determinação e uma capacidade de sonhar além das minhas circunstâncias.

Em meio à pobreza e às lutas diárias, encontrei refúgio e escape na leitura e na escrita. Livros eram mais que páginas e palavras; eram portais para mundos onde as limitações da minha realidade não me alcançavam. Eu me perdia em histórias de aventuras, romance e lugares distantes, imaginando-me como a heroína de minhas próprias narrativas. A leitura alimentava minha imaginação e acendia em mim a chama de possibilidades infinitas.

A escrita, por sua vez, tornou-se minha voz quando muitas vezes me sentia muda. Nas páginas de meus cadernos, eu derramava meus medos, esperanças e sonhos. Escrever era como criar um espaço seguro em que podia ser verdadeiramente eu mesma, em que podia sonhar sem limites e exteriorizar meus pensamentos. Em determinada época, trocava cartas com pessoas de todo o Brasil. Era um ato de resistência contra as circunstâncias e um passo em direção à realização dos meus sonhos.

Desde jovem, mantinha diários com chave, refúgios seguros em que podia expressar meus sonhos mais íntimos e segredos. Nessas páginas, confidenciava meus pensamentos mais profundos, esperanças e aspirações. Era como se cada palavra escrita ali consolidasse a realidade dos meus sonhos, dando-lhes forma e vida. Esses diários eram meus companheiros silenciosos, testemunhas das minhas inquietações e desejos, um espaço no qual podia ser completamente eu mesma, sem filtros ou reservas.

Essas paixões pela leitura e escrita se tornaram a base sobre a qual construí meu futuro. Elas me ensinaram a ver além das minhas circunstâncias atuais, a acreditar em um futuro melhor e a trabalhar incansavelmente para torná-lo realidade. Os livros me mostraram que, apesar de todas as dificuldades, poderia aspirar a sonhar grande e lutar por um lugar onde eu pudesse escrever minha história de sucesso.

Minha vida escolar começou na Escola Estadual Prefeito Helmuth Hermann Hans Louis Baxmann, na qual dei meus primeiros passos na educação formal. Era uma criança tímida, o que fazia com que eu fizesse poucas amizades. Mas foi nesse ambiente que descobri meu amor pela escrita.

Minha irmã mais velha, Sandra, desempenhou um papel decisivo durante nossa infância, além de demonstrar todo seu carinho. Ela se esforçava ao máximo para suavizar as dificuldades que enfrentávamos. Uma de suas ações mais marcantes era garantir que nossos cadernos escolares estivessem sempre bem encapados e etiquetados com nossos nomes.

Além disso, ela nos ensinava em casa, proporcionando uma base sólida em leitura e escrita antes mesmo de entrarmos na primeira série. Lembro-me com gratidão como ela nos ajudava com cadernos de caligrafia e até comprava nossas roupas para a escola quando começou a trabalhar.

Aos 10 anos, já entendia que minha mãe não poderia me proporcionar tudo que eu precisava, incluindo uma faculdade ou cursos extras. Foi então que comecei a me dedicar ainda mais aos estudos. Com 13 anos, consegui meu primeiro emprego informal como babá, que não durou muito. Logo depois, comecei a entregar panfletos em sinais de trânsito, anunciando imóveis. Ganhava 25 reais para trabalhar aos sábados e domingos. Foi aí que começou minha jornada profissional. Eu distribuía currículos e fazia todos os cursos gratuitos que conseguia encontrar.

Isso se refletiu anos depois quando fiz um curso livre de Atendimento ao Cliente e Vendas na Faculdade Dom Domênico, no Guarujá. Todos os sábados, eu acordava às 4h da manhã e enfrentava uma longa jornada de quase três horas, pegando trem, metrô, ônibus de viagem e até balsa para chegar até lá. Esse esforço era um reflexo do meu compromisso em aprimorar minhas habilidades e aprender mais.

Em 1999, avancei para o ensino médio, ingressando na Escola Secundária E.E. Dr. José Eduardo Vieira Raduan. Durante esses anos, minha vida era uma constante corrida contra o tempo. Durante o dia, eu trabalhava em uma confecção de roupas, uma experiência que me ensinou muito sobre trabalho duro e dedicação. E à noite, mergulhava nos estudos, frequentemente sacrificando horas de sono para garantir que meu desempenho escolar não fosse prejudicado. Muitas vezes, após as aulas, eu voltava para a confecção para trabalhar até a madrugada.

Finalmente, em 2002, concluí o ensino médio. Foi um momento de grande orgulho e realização para mim, considerando todos os obstáculos que tive que superar. Após muito esforço e dedicação, consegui um emprego como recepcionista em uma academia. Essa oportunidade parecia representar mais do que apenas um trabalho; era o início de uma nova fase em minha vida, um passo em direção à realização dos meus sonhos e objetivos. A cada dia que passava, eu sabia que estava construindo o caminho para um futuro melhor, impulsionada pela força que havia sido minha companheira constante desde a infância.

Em 2003, minha jornada profissional deu um grande salto quando fui contratada por uma empresa que prestava serviços para uma das maiores companhias de cartão de crédito do país. Trabalhei incansavelmente de domingo a domingo, muitas vezes saindo de casa enquanto todos ainda dormiam. Esse era o esforço necessário para mudar minha história.

No início dessa jornada, enfrentei desafios em meu ambiente de trabalho, no qual colegas me desprezavam. Um dia, cansada, com dores e fome, e ainda sem receber meu pagamento, decidi desistir. Contei à minha supervisora, que agiu sabiamente, defendendo meu profissionalismo perante a equipe.

Sua intervenção mudou as coisas, e tal oportunidade foi um divisor de águas na minha vida. Aprendi rapidamente, absorvendo tudo que podia sobre o negócio e, em pouco tempo, fui promovida à supervisora. Essa experiência foi vital, pois me ensinou não apenas sobre gestão e finanças, mas também sobre liderança e trabalho em equipe.

No ano seguinte, 2004, iniciei uma nova etapa em minha carreira, trabalhando em uma agência de turismo. Comecei no atendimento ao cliente, mas minha dedicação e habilidade rapidamente me levaram à posição de gerente. Com a nova função, pude desenvolver ainda mais minhas habilidades de gestão e planejamento. Além disso, encontrei pessoas incríveis que acreditaram em mim e me apoiaram, reconhecendo meu potencial e incentivando meu crescimento profissional.

Durante esse período, tive a sorte de ter um patrão extremamente compreensivo e gentil, assim como toda a sua família. Durante esse tempo, eu conciliava dois empregos, e ele me permitia flexibilidade para seguir uma paixão paralela: atuar como figurante em novelas no SBT. Junto a isso, houve um momento em que flertei com a ideia de ser modelo. Essa jornada começou quando ganhei meu primeiro *book* em um sorteio, o que me levou a fazer diversos cursos de modelo e manequim e a realizar mais três *books* fotográficos. Trago detalhes sobre a experiência mais adiante.

No entanto, com o tempo, percebi que a modelagem, apesar de ser uma experiência enriquecedora, não era o caminho que queria seguir na minha vida. Ainda assim, até hoje, recebo convites para retornar a esse mundo. Essa fase foi importante, pois me ajudou a explorar diferentes aspectos de mim mesma e me deu clareza sobre o que realmente queria fazer profissionalmente. Foi um período de descoberta e crescimento, em que aprendi a importância de seguir meu verdadeiro chamado.

Foi um período de grandes conquistas e aprendizados, que me preparou para os desafios e sucessos que estavam por vir.

Esses primeiros passos na minha carreira e educação foram cruciais, pois estabeleceram a base sólida sobre a qual construí todo meu sucesso futuro. Olhando para trás, percebo que dois fatores foram fundamentais: minha visão de longo prazo e minha incansável vontade de prosperar.

CAPÍTULO 3
A JORNADA ACADÊMICA E PROFISSIONAL

Minha visão de longo prazo sempre me guiou, permitindo-me ver além das dificuldades momentâneas e focar no que realmente importava: meu crescimento contínuo e o alcance dos meus objetivos. Compreendi cedo que as escolhas de hoje influenciariam diretamente onde eu estaria amanhã. Por isso, sempre procurei tomar decisões que, embora difíceis no curto prazo, sabia que seriam benéficas a longo prazo.

A vontade de prosperar, por sua vez, foi o motor que impulsionou cada passo que dei. Em cada desafio, vi uma oportunidade de aprender e me fortalecer. Nunca me contentei com o básico; sempre busquei ir além, aprender mais, fazer melhor. Essa atitude não apenas me ajudou a avançar profissionalmente, mas também a crescer como pessoa.

Eu buscava construir uma base sólida para o sucesso futuro e já interiorizava algumas atitudes práticas que se provariam valiosas: Saber o que queria alcançar a longo prazo. Ter metas claras ajuda a manter o foco e a motivação. Organizar minhas ações de acordo com minhas metas. Priorizar tarefas que te aproximam dos seus objetivos.

Nunca parei de aprender. O conhecimento é uma ferramenta poderosa que pode abrir portas e criar oportunidades.

Pensando assim, em 2008, decidida a aprofundar ainda mais meus conhecimentos e habilidades, iniciei minha graduação em Processos Gerenciais na Uninove. Tal decisão marcou um importante compromisso com meu desenvolvimento pessoal e profissional. A universidade abriu novos horizontes, proporcionando um ambiente em que pude me desafiar, aprender e crescer. Cada aula, cada projeto e cada conversa com professores e colegas acrescentavam mais à minha compreensão do mundo dos negócios e da importância da boa gestão.

Minha jornada acadêmica na faculdade foi acompanhada por uma nova fase na minha carreira profissional. Logo após o início dos meus estudos em Processos Gerenciais, mergulhei no mundo das traduções, começando a trabalhar na área comercial de uma empresa de tradução. Essa experiência inicial foi enriquecedora, permitindo-me aplicar e expandir meus conhecimentos em um ambiente profissional real.

O mercado de traduções, embora muitas vezes subestimado e desconhecido, desempenha papel crucial no mundo globalizado em que vivemos. Ele abrange uma gama diversificada de serviços, cada um atendendo a necessidades específicas de comunicação e compreensão em diferentes contextos.

Uma das áreas mais especializadas é a tradução juramentada. Essa modalidade é essencial para a validação legal de documentos em um país estrangeiro. Tradutores juramentados são profissionais certificados que garantem a fidelidade e a validade legal de documentos traduzidos, como certidões de nascimento, casamento, diplomas e contratos. Sua assinatura e selo conferem autenticidade ao documento, tornando-o aceito oficialmente em instituições governamentais e jurídicas.

A tradução de Libras (Língua Brasileira de Sinais) é outro segmento importante. Ela visa à inclusão e acessibilidade de pessoas surdas ou com deficiência auditiva, proporcionando-lhes acesso a informações e serviços por meio da interpretação em Libras. Essa tradução é fundamental em eventos públicos, programas de TV, no ambiente educacional e em serviços de saúde, garantindo a comunicação efetiva e inclusiva.

Hoje, estou me dedicando a um novo e significativo desafio: o curso de Libras na PUC, uma decisão movida pelo desejo de ajudar pessoas. Aprender a Língua Brasileira de Sinais é mais do que apenas adquirir uma nova habilidade, é uma forma de conectar mundos, de quebrar barreiras de comunicação e de promover a inclusão. Para mim, é uma extensão natural do trabalho que faço na AlphaÔmega, em que a comunicação é a essência.

Compreender e utilizar Libras me permitirá alcançar e auxiliar uma comunidade mais ampla, contribuindo para um mundo mais acessível e inclusivo. É um passo importante no meu contínuo caminho de aprendizado e serviço ao próximo.

No ambiente corporativo, as traduções são indispensáveis, especialmente para empresas que operam internacionalmente. Contratos, manuais, relatórios financeiros, apresentações e material de *marketing* são frequentemente traduzidos para facilitar negociações, operações e comunicação em diferentes idiomas. A precisão é vital nesses casos, pois erros podem levar a mal-entendidos, perdas financeiras ou problemas legais.

Grandes empresas frequentemente buscam serviços de tradução para expandir seu alcance global, comunicar-se efetivamente com clientes e parceiros internacionais e cumprir requisitos legais em diferentes países. A demanda por traduções precisas e culturalmente sensíveis é alta, pois erros ou mal-entendidos podem ter consequências significativas.

Adentrar no mundo das traduções é descobrir um campo vasto, essencial para a comunicação e o entendimento em um mundo cada vez mais interconectado. Como profissional da área, testemunhei a importância e a complexidade desse mercado, no qual cada palavra traduzida pode ser a chave para abrir portas, construir pontes e unir pessoas, independentemente de suas línguas ou culturas, e, apesar de não traduzir diretamente os trabalhos, fui a responsável por abrir a empresa, e entrar nesse mundo fez toda a diferença na minha carreira de empreendedora.

Não muito tempo depois, transitei para outra empresa de tradução. Inicialmente, a mudança parecia promissora, pois rapidamente me destaquei na área comercial. Fechei alguns dos melhores contratos para a empresa, demonstrando minhas habilidades e dedicação. No entanto, o sucesso trouxe um desafio inesperado: o ciúme da filha da dona da empresa. Ela também trabalhava na área comercial e não via com bons olhos meu crescimento e minhas conquistas. Essa situação gerou um ambiente de trabalho tenso e desafiador, marcando uma etapa da minha carreira com experiências difíceis.

Em 2010, enfrentei outro desafio pessoal: uma cirurgia para remover as amígdalas. Lembrei-me da minha infância marcada por caxumba e crises frequentes de amidalite, que debilitavam minha saúde. Minha mãe, sempre um pilar de força e apoio, esteve ao meu lado durante esse período, cuidando de mim como sempre fez. Segui adiante, lembrando-me de que, apesar dos obstáculos, tanto na saúde quanto na carreira, a resiliência e a perseverança sempre foram minhas aliadas mais confiáveis.

Quando comecei a trabalhar em uma empresa de tecnologia, me deparei com pessoas que jogavam sujo. Nas minhas funções anteriores na área de vendas, frequentemente me deparava com puxa-sacos, indivíduos astutos e aqueles que queriam me desestabilizar. Naquele ambiente, eu sofria, pois havia crescido com uma natureza defensiva e emocionalmente sensível. Apenas uma voz alta ou assertiva era o suficiente para me fazer desabar em lágrimas e começar a me defender. Grande parte desse comportamento tinha raízes na minha infância.

Nessa nova empresa, me deparei com uma situação em que uma funcionária que já estava lá por muito tempo pegou clientes com os quais eu havia trabalhado, e as comissões foram para ela. A gerente da empresa, em defesa de sua amiga, me chamou para uma conversa e questionou por que eu sempre estava na defensiva e reagia de maneira forte. Apesar de não gostar dessa conversa, ela foi libertadora. Ela me fez perceber que tinha um problema interno, um complexo, um medo de ser rejeitada mais uma vez. Isso me ajudou a me compreender melhor.

Ao sair daquela empresa, lembro que, no acerto de minha rescisão, a dona, cheia de raiva, me pagou tudo em moedas. Ela fez isso com uma sensação de superioridade e com a intenção de me deixar desconfortável. Hoje, percebo que algumas pessoas, para se sentirem melhores consigo mesmas, preferem tratar mal os outros.

Em outro período, trabalhando na Credicard, era como se estivesse cruzando um limiar de esperança. No entanto, essa esperança foi abalada quando a empresa que prestava

Uniforme da Credicard. ▶

serviço para o Credicard, a Expertise, nos demitiu abruptamente. Fomos lançados ao desconhecido, mas logo encontramos uma nova jornada, mas dessa vez em Santos, Guarujá e na Unicamp, em Campinas, trabalhando no período noturno dentro das universidades, oferecendo o Credicard Universitário.

No entanto, enquanto ainda estava em São Paulo, recebi uma notícia devastadora sobre meu sobrinho Daniel, que tinha apenas um ano de idade e estava doente. Naquela época, eu não conseguia imaginar o quão grave sua doença se tornaria. Antes de deixar São Paulo, visitei-o no hospital e dei um beijo em sua bochecha, que estava vermelhinha como um tomatinho, um apelido carinhoso que tínhamos para ele.

Depois de um tempo no litoral, era tempo de voltar para São Paulo, visitar a família e ter uns dias de descanso. No meio do caminho, me lembro bem, em Santo André, parei para ligar para minha mãe.

Porém, minha família escondeu de mim a tragédia que se desenrolava em casa. Um segredo cruel, um beijo que jamais foi dado. Quando perguntei sobre Daniel para minha mãe, com grande pesar, ela me informou que ele havia falecido. Fiquei arrasada, sem entender como aquilo aconteceu e por que não me disseram antes. Chorava desesperadamente na estação, enquanto as pessoas ao meu redor não compreendiam a situação. Fui amparada pelos meus amigos de trabalho, que tomaram o telefone e conversaram com minha mãe antes de me levarem para casa.

Meu sobrinho, meu anjinho, com sua bochecha vermelha como um tomatinho, foi silenciosamente levado pela doença. A distância entre nós se tornou um abismo insuperável, e aquele último beijo, aquele adeus não dado, pairou sobre mim como uma sombra intransponível.

Ao chegar em casa, minha família explicou que não queriam me contar porque temiam que eu ficasse arrasada. No entanto, senti que tinha o direito de estar presente naquele momento e dar

Meu sobrinho Daniel, que foi morar no céu.

o último adeus ao meu sobrinho. A única coisa que restou para mim naquele momento foram as roupas que ele usava, como uma lembrança dolorosa.

Não culpo minha família por essa decisão, pois minha mãe sempre achou que eu era frágil demais, mas não queria ser vista dessa forma. Era meu direito ter estado lá e ter aquele momento de despedida. Pedi a eles que nunca mais tomassem tal decisão em relação a mim.

Um tempo depois, o destino jogou seu jogo impiedoso mais uma vez. Meu padrasto, debilitado, enfrentava seus últimos momentos de vida enquanto eu estava longe a trabalho. A notícia de sua partida chegou como um raio, e não hesitei em retornar. A viagem de volta foi uma jornada de desespero, lágrimas e perguntas não respondidas. Em momentos como esse, as emoções fluem sem controle, e a única coisa que se deseja é que esse momento nunca tenha existido.

A noite ao lado do caixão de meu padrasto foi uma vigília sombria, na qual refleti sobre a complexidade das relações familiares e o significado de um adeus não dado. Ele pode não ter sido meu pai, mas era uma parte importante da minha vida, e sua partida deixou um vazio que nenhuma distância poderia preencher.

Hoje, só penso como cada adeus não dado se torna uma lembrança de que o tempo é precioso, e os momentos com aqueles que amamos são tesouros inestimáveis.

A minha jornada acadêmica me conduziu por caminhos tortuosos, nos quais as dificuldades eram tão comuns quanto o ar que respirava. Em busca de pagar minha faculdade, adentrei em uma empresa de tradução, em que a amargura da experiência tomou muitas formas, mas todas refletiam o egoísmo de uma patroa indiferente a seus funcionários.

Nesse cenário sufocante, a patroa fumava incessantemente, envolvendo o ambiente em uma névoa tóxica que prejudicava minha saúde já fragilizada. Meu pedido por uma solução foi recebido com indiferença, e a resposta fria ecoou como uma rajada de vento cortante: "Pega a sua mesa e se senta lá na porta da sala porque eu não vou deixar de fumar".

A empresa era dela, mas o respeito por nós, funcionários, era inexistente. A gota d'água foi quando descobri que uma comissão de uma venda de R$ 10.000,00 não me foi repassada, mesmo com a ciência de todos os detalhes.

Essas experiências moldaram meu compromisso em ser o oposto do que havia testemunhado. Mas, como dizem, "fora da frigideira, e para o fogo." Minha próxima empreitada na área comercial me apresentou a uma dona de empresa ainda mais hostil. Com olhares julgadores e humilhações públicas, ela impôs regras mirabolantes de vestimenta, exigindo saltos altos todos os dias. Trabalhar sob seu jugo era uma provação diária, e suas críticas públicas eram acompanhadas por uma crueldade sem fim. Em um ambiente em que a hostilidade era a norma, minha colega da faculdade e eu muitas vezes compartilhávamos uma pequena porção de batatas, juntando nossas moedas escassas no intervalo das aulas.

Minhas jornadas diárias eram uma corrida contra o tempo, saindo do escritório nos Jardins para a Barra Funda, onde estudava. Era uma rotina exaustiva, mas minha determinação em bancar minha faculdade não vacilava. No entanto, ao chegar em casa tarde da noite, muitas vezes me deparava com a escuridão da falta de energia, ou a torneira seca. Noites de fome e lágrimas tornaram-se símbolos constantes da minha vida.

A empresa que ultrapassou todas as humilhações que eu havia enfrentado antes me empurrou para um limite insustentável. A perseguição da dona tornou-se intolerável e, após meses de conflitos, pedi demissão quando recebi uma oferta da HP Brasil. Minha saída foi marcada por uma festa de celebração em seu escritório, um ato que me atingiu em cheio, pois sabia que havia dado meu melhor.

Embora tenha deixado o mundo das traduções com um pesar profundo, a paixão por ajudar clientes e fornecer um atendimento humano me guiou para um novo desafio na HP Brasil. Minha despedida das traduções me deixou uma cicatriz profunda, mas também a determinação de levar adiante meu compromisso de cuidar e ajudar as pessoas da melhor maneira possível.

CAPÍTULO 4
A BUSCA POR REALIZAÇÃO PROFISSIONAL

A história da Signo Traduções é uma página importante na minha jornada, também uma lição valiosa sobre confiança e intuição. Com dois conhecidos da antiga empresa de tradução da qual saí, mesmo triste ainda com minha experiência anterior, decidimos abrir a Signo Traduções. CNPJ e contrato social foram assinados, e eu estava em transição para ingressar na HP, mas algo dentro de mim sussurrava que essa empreitada não teria um desfecho positivo.

Em determinado momento, um dos sócios me ligou e fez uma proposta: "Já que você está na HP, me envie sua carteira de clientes para que eu possa trabalhar nela". Foi nesse instante que a verdade se tornou clara como água. Eles não me queriam como sócia, queriam apenas se aproveitar da minha carteira de clientes. Conversei com minha mãe, que me aconselhou a não seguir com eles, e foi exatamente o que fiz. Solicitei a retirada do meu nome da sociedade.

Com o tempo, soube que a empresa quebrara. Essa experiência reforçou a importância de seguir minha intuição e de confiar naqueles que realmente valorizam parcerias sinceras. Foi um capítulo de aprendizado e autodescoberta em minha jornada.

A minha entrada na HP Brasil, em 2010, marcou um novo capítulo na minha carreira. Graças à indicação de um amigo da faculdade, consegui um emprego na empresa, e minha função inicial era trocar *toners* em outras empresas. Na minha jornada profissional, cheguei a um ponto em que, apesar de ter um emprego, sentia-me profundamente insatisfeita e incompleta. Trabalhava na HP Brasil, uma conquista significativa por si só, mas dentro de mim havia um vazio, um anseio por algo mais. Cada dia no trabalho era uma repetição do anterior e, embora me esforçasse ao máximo, a sensação de realização pessoal e profissional parecia sempre estar fora do meu alcance.

Minha jornada na HP me levou a trabalhar dentro de grandes empresas, como a Cargill, Droga Raia e JBS, todas no departamento de TI, atendendo às centrais administrativas. Lembro-me vividamente dos desafios que enfrentava para chegar ao trabalho, como quando estava alocada na Cargill, localizada no Morumbi. Para chegar lá, precisava acordar muito cedo e pegar o fretado no Tatuapé. Uma coisa que sempre me incomodou era o ar-condicionado extremamente gelado no ônibus às 6 da manhã, uma experiência que me fazia tremer de frio.

Logo depois, fui transferida para trabalhar na Droga Raia, onde permaneci por um curto período antes de ser novamente realocada; desta vez, para a JBS. Essa transferência me levou a atravessar toda a cidade de São Paulo em minha jornada diária. Eu saía de Ferraz de Vasconcelos, pegava dois trens, metrô e ônibus para chegar à Anhanguera, onde ficava a sede da JBS. Era uma rotina extenuante, e cheguei a um ponto em que acordava chorando devido ao cansaço e às dores. O trajeto era longo, e chegar em casa por volta das 21h30 era um desafio, especialmente nos dias de chuva, quando até uma única gota podia paralisar o trânsito em São Paulo. Quem vive na cidade sabe como isso pode ser complicado.

Essa experiência não é única para mim. Muitos profissionais se encontram presos em rotinas de trabalho exaustivas, realizando tarefas que, embora necessárias, não trazem sensação de progresso ou realização. No meu caso, a rotina de trocar *toners* em outras empresas, mesmo sendo um trabalho honesto e respeitável, não me proporcionava o crescimento ou o desafio que eu ansiava. A remuneração era suficiente para o básico, mas não compensava o esforço e o tempo investidos. Dessa forma, o trabalho se transformou em uma fonte de frustração e descontentamento.

A verdade é que trabalhar arduamente sem sentir que você está sendo justamente recompensado ou sem ver um caminho claro para o crescimento pessoal e profissional pode ser extremamente desanimador. Comecei a questionar o propósito do meu trabalho e a refletir sobre o que realmente queria para a minha vida. Perguntava-me frequentemente: "Isso é tudo o que há para mim? Existe algo mais significativo que eu possa fazer?".

Tais questionamentos me fizeram perceber que eu tinha um chamado maior, uma vontade de empreender, de criar algo meu. Sentia que tinha mais a oferecer, mais a explorar e aprender. A insatisfação no trabalho se tornou o catalisador para eu buscar algo que me desse não apenas uma remuneração financeira, mas também um sentido de propósito e realização.

Portanto, minha experiência na HP Brasil, embora valiosa, foi apenas um degrau na escada do meu desenvolvimento pessoal e profissional. Foi um período de reflexão e reavaliação que me impulsionou a seguir em busca de um caminho que estivesse mais alinhado com minhas paixões, habilidades e aspirações. Aprendi que, às vezes, a insatisfação profissional pode ser um sinal importante, um chamado para explorar novos horizontes e descobrir o verdadeiro propósito em nossa carreira.

E pior que a insatisfação profissional é como você pode se perder ao buscar conforto em atividades equivocadas. Eu tentava preencher esse vazio com baladas e viagens com amigos, mas nada parecia dar certo. Essa fase da minha vida foi marcada por uma profunda insatisfação e um sentimento de desorientação. Eu questionava constantemente o sentido da vida e até cogitava voltar para o segmento de tradução, considerando a possibilidade de abrir minha empresa nessa área.

Conforto em distrações

Durante esse período turbulento da minha vida, quando a insatisfação profissional e a falta de realização pessoal pesavam sobre mim, encontrei um conforto temporário em saídas com amigos. Esses momentos de descontração e esquecimento serviam como um alívio passageiro dos problemas e da rotina estressante que enfrentava diariamente.

Por conta do compromisso com minha fé e de meu histórico familiar com as bebidas, fiquei longe do álcool, o que, infelizmente, não acontece com muitas pessoas, que encontram um refúgio para seu sofrimento em drogas lícitas e ilícitas.

No começo, essas saídas pareciam apenas uma forma de descompressão, uma maneira de me divertir e me afastar das pressões do trabalho e das frustrações da vida. As noitadas proporcionavam uma sensação de prazer e esquecimento que, naquele momento, pareciam ser exatamente o que eu precisava.

No entanto, com o passar do tempo, comecei a perceber que aquele estilo de vida estava me afastando de um caminho mais saudável e produtivo. O que inicialmente parecia ser um escape inofensivo, gradualmente se transformou em um ciclo de dependência dos momentos de alívio temporário. As consequências começaram a afetar não apenas minha saúde física, mas também minha saúde mental e minha produtividade.

Comecei a entender que, embora esse hábito proporcionasse um alívio momentâneo, ele não abordava as raízes dos meus problemas. Em vez de enfrentar e resolver as questões que causavam minha insatisfação, eu estava apenas mascarando esses problemas com distrações temporárias. Essa realização foi um momento decisivo para mim. Percebi que, para realmente mudar minha vida para melhor, eu precisava abandonar esses vícios e distrações e encontrar maneiras mais saudáveis de lidar com o estresse e a insatisfação.

Em uma dessas noites, em uma casa noturna, vivi um momento que transformou minha vida. Depois de cochilar no ombro de um "amigo", acordei abruptamente ao ouvir uma voz que tenho certeza ser a voz de Deus. Ele me questionava: "O que você está fazendo neste lugar? Não te fiz para isso nem para viver assim!". Aquelas palavras me atingiram profundamente. Imediatamente, deixei a casa noturna, me dirigindo a uma lanchonete próxima, às 3h da manhã, aguardando o metrô abrir para ir para casa.

Minha mãe, que se preocupava comigo, costumava orar pela minha segurança sempre que eu saía. Muitas vezes, ao chegar em casa tarde, eu a encontrava me esperando no portão. Naquela noite, após essa experiência marcante, contei a ela que nunca mais colocaria meus pés naqueles lugares. Foi um ponto de virada em minha vida. Com certeza, ali foi o início de muitas mudanças, meu encontro com Deus.

A partir daí, voltei a buscar a Deus, e foi quando tudo começou a mudar para melhor. Esse momento foi crucial, me fazendo perceber a importância de viver uma vida alinhada com meus verdadeiros valores e propósitos.

Essa fase da minha vida me ensinou uma lição valiosa sobre a importância de enfrentar nossos problemas, em vez de buscar refúgio em distrações; continuar longe de vícios que nunca tive. Entendi que a verdadeira solução para a insatisfação e o estresse não vem de fontes externas, mas de um trabalho interno de autoconhecimento, crescimento pessoal e mudança de hábitos. Ao adotar um estilo de vida mais saudável e produtivo, não apenas melhorei minha saúde física e mental, mas também me tornei mais apta a enfrentar os desafios da vida com clareza e determinação.

Em 2011, enfrentei um momento decisivo. Cheguei em casa um dia, exausta e desanimada, e desabafei com minha mãe sobre como estava difícil suportar a rotina de acordar cedo, dormir tarde e, ainda assim, sentir que estava ganhando muito pouco. Foi aí que minha mãe, com sua sabedoria e perspicácia, me fez perceber algo crucial. Ela me lembrou do meu antigo plano de abrir minha empresa e me questionou por que eu havia desistido desse sonho.

Suas palavras foram um despertar. Naquele momento, algo dentro de mim se acendeu, e eu soube que precisava retomar meu projeto.

Com renovada determinação, comecei a desenvolver um plano de negócios concreto e viável. Dediquei-me de corpo e alma a esse projeto, empregando todas as lições que havia aprendido ao longo dos anos, tanto em minha carreira quanto na faculdade. Foi um período de muito trabalho e aprendizado, mas eu estava finalmente alinhando minha vida profissional com minhas verdadeiras paixões e objetivos. Esse processo não foi apenas sobre iniciar um negócio, foi sobre reencontrar meu propósito e direcionar minha vida para um caminho que realmente me trouxesse satisfação e realização. E assim o sonho de ter minha empresa começou a se tornar realidade.

No começo da AlphaÔmega Traduções, eu trabalhava intensamente, passando noites prospectando clientes, selecionando currículos de tradutores e buscando melhorias para o negócio. Entendi que, ao empreender, é preciso desempenhar diversos papéis – gerente, atendente, vendedor e exigindo um esforço muito maior que o habitual.

O momento decisivo veio logo após a abertura oficial da empresa: às 13h15, recebi um pedido de orçamento e, às 13h30, fechei um contrato cujo valor era quatro vezes meu salário na HP Brasil. Essa conquista foi um marco inicial significativo, solidificando minha decisão de focar exclusivamente nos meus clientes.

CAPÍTULO 5
NASCENDO DE UMA IDEIA DIVINA

Houve um episódio que marcou profundamente minha jornada. Eu havia acabado de chegar do trabalho em meio a uma forte chuva, e mais uma vez o telhado de nossa casa ameaçava voar devido ao vendaval. Minha mãe me pediu para chamar o pedreiro que morava em frente à nossa casa para fazer os reparos antes que a tempestade causasse mais danos. Relutantemente, debaixo da chuva, fui buscar o pedreiro, sentindo-me profundamente revoltada com nossa situação.

Nesse período, não tinha perspectivas de mudança. Humanamente falando, não havia ninguém que pudesse nos ajudar. Foi então que um dia, em um momento de profunda angústia, decidi falar diretamente com Deus. Questionei por que minha vida era marcada por tanto sofrimento e miséria, apesar de minha mãe frequentar a igreja e buscá-lo. Reconheci que eu também não estava fazendo o que Ele desejava. Em um momento de revolta, fiz uma oração e fiz um voto com Deus, prometendo servi-lo com todas as minhas forças e obedecê-lo em tudo. Disse que, se Ele mudasse minha vida, eu O glorificaria perante todos, compartilhando o que Ele havia feito por mim.

Foi como se Deus, do céu, dissesse: "Agora você verá o que farei em sua vida". E, de fato, o versículo que diz "Invoca-me no dia da angústia; eu te livrarei, e tu me glorificarás" (Salmos 50:15) se tornou realidade. A fé no Senhor Jesus desempenhou um papel fundamental em minha jornada, trazendo experiências incríveis não apenas na área financeira, mas em todos os aspectos da vida.

Mesmo que aparentemente nada tenha mudado naquele momento, eu disse a minha mãe que nossa casa, que antes era a mais pobre da rua, se transformaria em um lindo sobrado. Quando nos mudamos para aquele local, a rua era de barro puro, e não era possível usar roupas brancas devido às condições precárias da região.

Quando uma multinacional se estabelece no Brasil, uma das primeiras necessidades é adaptar as comunicações ao contexto local, é aí que entra a expertise da AlphaÔmega. Fundada na sala da casa da minha mãe. Nossa empresa agora opera 24 horas por dia, atendendo a uma demanda global de tradução. Não nos limitamos apenas à tradução para o português, expandimos nosso alcance para mais de 30 idiomas, oferecendo versões e traduções para clientes em diversos países.

Mensalmente, traduzimos mais de dez milhões de palavras, abrangendo produtos, manuais, contratos e mais, para mais de cinco mil empresas, de diversos setores, como: alimentação, automotivo, comércio exterior, engenharia, etanol e biodiesel, farmacêutico, financeiro, jurídico, médico, petróleo e gás, químico, telecomunicações, entre outros.

AlphaÔmega não é apenas uma tradutora de idiomas, somos pontes de comunicação e cultura, conectando empresas e pessoas ao redor do mundo, fazendo traduções e versões simples, juramentada, e versões técnicas. Também oferece serviços de interpretação simultânea e consecutiva, serviços de acompanhamento para profissionais estrangeiros, captação, transcrição e finalização de áudios e vídeos e intérpretes de Libras.

A ideia para a minha primeira empresa surgiu de maneira bastante inusitada e espiritual. Na época, eu estava trabalhando e, subitamente, uma voz em minha mente sugeriu: "Abra uma dessa!". Eu questionei essa voz interna, argumentando que não tinha dinheiro para tal empreendimento. A resposta veio clara e direta: "Você só precisa de um computador e um telefone".

Essa ideia ficou em minha mente por um tempo. Apesar de inicialmente resistir, comecei a explorar a possibilidade, procurando um contador, profissionais para o site, e até esboçando um plano de negócios. No entanto, após um ano trabalhando na HP, acabei deixando essa ideia de lado.

Essa voz, no entanto, continuava a me lembrar do que eu deveria fazer. Até que um dia, depois de muita exaustão no trabalho, enquanto estava tomando banho e pensando que rumo daria na vida, Deus usou mais uma vez minha mãe para me aconselhar. Ao sentar para jantar com ela, havia preparado carne, que eu adoro, ela disse algo que acendeu a faísca que eu precisava para finalmente dar o *start* na minha jornada empreendedora.

Foi assim que tudo começou. Contra todas as probabilidades, sem recursos financeiros abundantes, mas armada com fé, determinação e uma ideia clara, dei os primeiros passos para estabelecer minha empresa, diretamente da casa da minha mãe.

Nessa fase inicial, comecei a pensar em parcerias, pois, sem recursos financeiros suficientes, dependia de indicações de pessoas que me conheciam ou com quem já havia trabalhado. Foi assim que recebi a indicação do contador que ainda está comigo, também encontrei quem fizesse o site da empresa. Negociava valores, parcelava, mas sempre fazia questão de honrar cada pagamento. Com o pouco que recebia da HP, ajudava nas despesas de casa e, também, investia na empresa, mesmo antes de formalmente abri-la.

O nome da empresa também foi um marco importante. Lembro-me de estar me recuperando de uma cirurgia de amígdalas, queimando a cabeça em busca de um nome adequado. Foi então que minha irmã mais velha veio até mim, em um sábado ensolarado, enquanto repousava na minha cama. Eu expressava minha dificuldade em escolher um nome, quando ela, quase como se fosse uma inspiração divina, sugeriu claramente e com convicção: "ALPHA & ÔMEGA". Pesquisei o nome, encontrando-o tanto em sites quanto na Bíblia. Amei a sugestão e, assim, nasceu a AlphaÔmega Traduções, um nome que carrega significado e propósito.

O nome AlphaÔmega Traduções carrega um significado profundo e espiritual, inspirado na autodefinição de Jesus Cristo: **"Eu sou o Alfa e o Ômega, o Primeiro e o Último, o Princípio e o Fim" (Apocalipse 22:13).**

Essa expressão simboliza o domínio e a soberania de Deus sobre todos os acontecimentos, enfatizando que Ele tem a primeira e a última palavra em tudo.

O conceito ressoa profundamente com a visão da empresa: estar no controle desde o início até a conclusão de cada projeto, garantindo excelência e justiça em nossos serviços. Assim como no texto bíblico, no qual se afirma que cada pessoa receberá a justa recompensa por suas obras, na AlphaÔmega buscamos assegurar que cada cliente receba o melhor serviço possível, refletindo um compromisso com a integridade e a qualidade. O nome, portanto, é um lembrete constante de que, em nossa empresa, abrangemos o princípio e o fim de cada desafio de tradução, garantindo a máxima satisfação e justiça para nossos clientes.

Com o nome definido, surgiu a próxima etapa: criar um logotipo para a empesa. Esse passo representou mais um investimento, mas era essencial para a nossa identidade. Minha ex-sócia conhecia um *designer* talentoso que aceitou o desafio de criar nosso logo, e o resultado foi um símbolo representativo, incorporando um sol resplandecente representando iluminação e esperança, e um triângulo, indicando crescimento e estabilidade.

Minha jornada empreendedora começou com recursos modestos, mas repletos de significado. O coração da AlphaÔmega era um conjunto simples: um notebook Positivo extremamente lento e uma impressora antiga, presentes de um amigo e ex-colega de trabalho, Marco Antônio. Ele acreditava em mim e no meu potencial, e sou eternamente grata por isso. Apesar das limitações técnicas, valorizava muito essas ferramentas. Lembro-me das inúmeras vezes em que carreguei esse *notebook* nas costas, viajando de Ferraz de Vasconcelos até o centro de São Paulo para registrar documentos. Minha ex-sócia também usava uma máquina capenga.

Quando refletimos sobre as pessoas que passaram por nossas vidas, algumas deixam marcas significativas, e é assim que me sinto em relação à minha ex-sócia. Ela foi uma das primeiras a acreditar no meu sonho, mesmo enfrentando o medo natural de deixar um trabalho fixo para se aventurar em algo novo e incerto. Essa coragem inicial foi um grande estímulo para mim, pois mostrava que não estava sozinha na jornada.

Com o tempo, porém, ela percebeu que aquele caminho não era verdadeiramente o dela e, com muita honestidade e integridade, me disse que aquele era meu sonho, e não o dela. Essa postura sincera e transparente só fez aumentar o respeito que tenho por ela. Sua decisão de sair da sociedade foi feita de forma que preservou nossa relação e a dignidade de nossa parceria.

Até hoje, guardo um grande apreço por ela, não só como ex-sócia, mas também como pessoa, que costumava se descrever como uma "eterna sonhadora", uma qualidade que sempre admirei. Sua participação na minha jornada, embora não tenha continuado até o fim, foi crucial e deixou lições valiosas. Ela me ensinou sobre a importância de perseguir sonhos, também sobre a coragem de reconhecer quando um caminho não é o certo para você. Essa experiência reforçou a importância de relações honestas e respeitosas, tanto na vida pessoal quanto no ambiente de negócios.

Houve dias em que, após voltar para casa, surgiam novas demandas, e eu tinha que retornar à capital com o mesmo *notebook* pesado. Essas experiências, embora desafiadoras, foram cumpridas com um sentimento de realização e alegria, sabendo que cada passo era um avanço em direção ao sucesso da minha empresa.

O início da AlphaÔmega foi um verdadeiro desafio. Morando ainda com minha mãe, irmãs, sobrinhos, cunhados, além de gatos e cachorros, a casa estava sempre cheia, o que muitas vezes dificultava o trabalho. Além do caos doméstico, havia a descrença de alguns familiares. Ouvi comentários desanimadores e até zombeteiros sobre minha empreitada, duvidando da minha capacidade de traduzir para 30 idiomas sem falar inglês fluentemente. Mas eu sabia que quem me guiava era Deus.

Muitas vezes, tentei compartilhar minhas pequenas vitórias com eles, mas só recebia desprezo. Minha mãe, percebendo isso, aconselhou-me a guardar minhas conquistas para mim mesma, para Deus e para ela, pois nem todos compartilhariam da minha alegria.

Antes de sair da JBS, onde trabalhava contratada pela HP, vivenciei situações que destacaram o ceticismo que muitos tinham em relação a meus sonhos empreendedores. Naquela época, trabalhava em um ambiente majoritariamente masculino, com cerca de 200 homens e apenas 15 mulheres na área de TI. Meu chefe na HP era incrivelmente favorável, mas havia um supervisor na JBS que acompanhava meu trabalho e duvidava abertamente dos meus planos de abrir uma empresa.

Eu, entusiasmada e ingênua, compartilhava meus sonhos e planos com os colegas, só para ser recebida com deboche e descrédito. Um deles, após visitar minha empresa estabelecida, confessou que inicialmente me via apenas como "mais uma brasileira sonhadora", mas reconheceu o meu sucesso posterior.

Outra situação marcante foi com o supervisor da JBS. Em uma reunião em uma sala de vidro, visível a todos, ele me ofereceu um emprego na empresa, argumentando que eu ganharia mais. Recusei, reafirmando meu compromisso com meu negócio, apesar de ele tentar me dissuadir falando sobre os altos impostos no Brasil.

Meu gerente da HP, ao saber da minha decisão de sair, expressou respeito pela minha conduta, mas relutância em me perder como funcionária. Eu estava decidida e, no dia seguinte ao comunicar minha demissão, recebi um e-mail formalizando minha saída.

A estrada para o sucesso da AlphaÔmega foi pavimentada com obstáculos, críticas e dúvidas, tanto do ambiente profissional quanto de familiares. Mesmo assim, mantive minha integridade e alta expectativa de qualidade, o que acabou me distanciando de algumas pessoas, mas também me trouxe aliados valiosos. A persistência em fazer o correto, não aceitar o medíocre e buscar excelência foram essenciais no meu caminho até aqui.

Comecei com recursos modestos, mas com uma visão clara e determinação inabalável. Superei o ceticismo e o deboche, mantendo o foco em meu objetivo. Para quem deseja empreender, aqui está um breve roteiro:

1. Acredite na sua visão: mesmo que outros duvidem, mantenha a fé em seu projeto;

2. Utilize os recursos disponíveis: comece com o que tem, por mais simples que seja;

3. Prepare-se para críticas: nem todos vão apoiar ou entender sua jornada;

4. Seja resiliente: desafios e obstáculos são parte do caminho;

5. Busque crescimento contínuo: aprenda, adapte-se e evolua constantemente.

E um ponto que merece um capítulo à parte, na verdade, o tema virará um livro para falar somente sobre ele: **EXCELÊNCIA NO ATENDIMENTO AO CLIENTE.**

Sim, caixa alta, negrito... Todas as menções honrosas possíveis: o cliente.

Lembre-se: o caminho do empreendedorismo é repleto de altos e baixos. A perseverança e a capacidade de se adaptar são fundamentais para transformar uma visão em realidade.

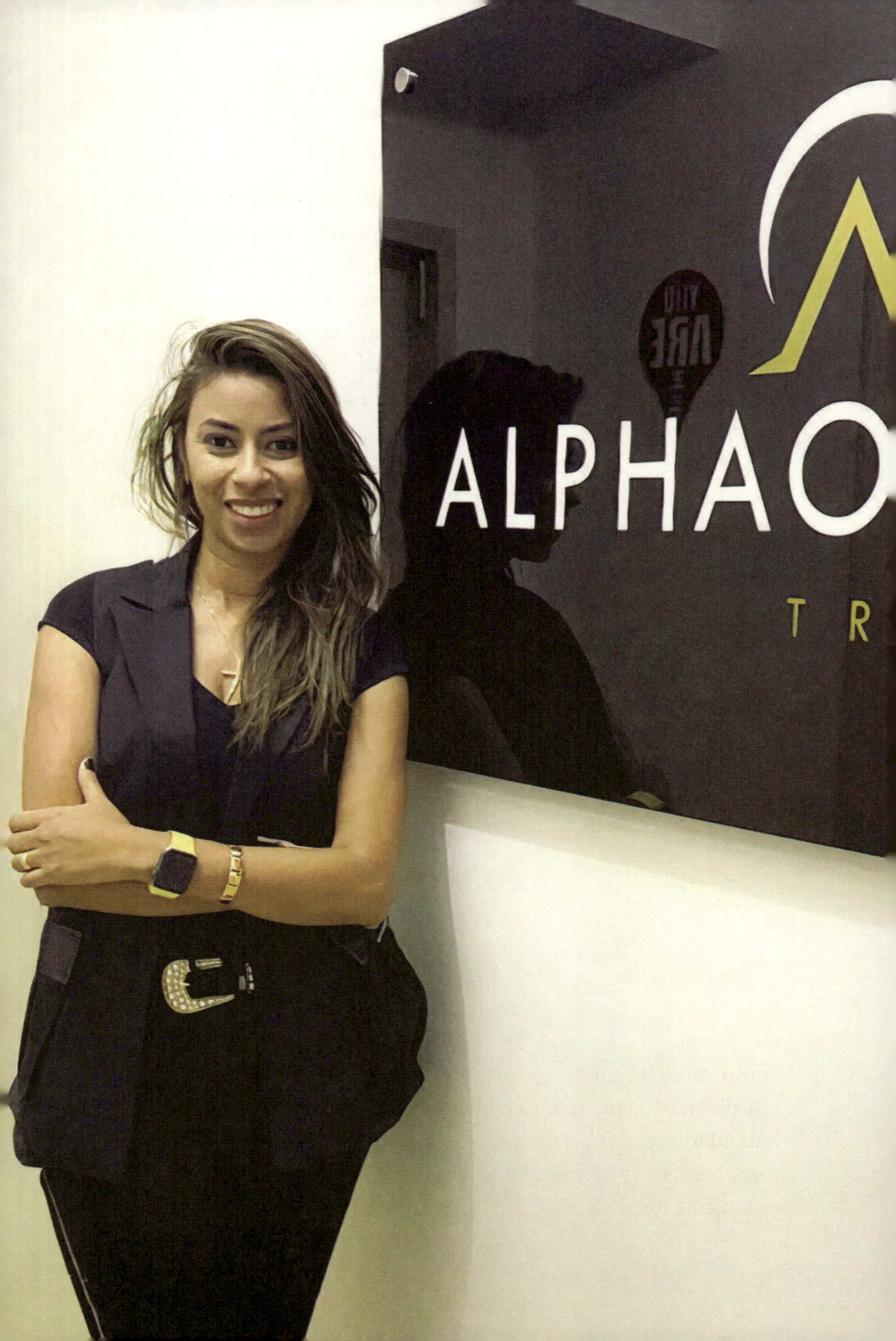
ALPHAO
TR

CAPÍTULO 6

MINHA JORNADA NO MUNDO DA MODA

Quando tinha 21 anos, vivi um momento que me marcou profundamente e me impulsionou em direção a meus sonhos. O jornal São Paulo Centro, em colaboração com a produtora The Booker, realizou meu sonho de ter um *book* profissional, presenteando-me com 68 fotos digitalizadas, das quais 20 foram impressas.

Esta oportunidade abriu portas nas agências de modelos e manequins, algo que antes pensava ser inatingível. Sempre me lembrarei dessa fase com um carinho especial, pois foi um passo significativo na realização de meus sonhos, reforçando a crença de que "se não tentarmos, nunca saberemos se conseguiremos".

Durante essa fase, em que tive a oportunidade de trabalhar como modelo, uma experiência se revelou incrivelmente valiosa em diversos aspectos. O trabalho não apenas me proporcionou habilidades práticas, mas também me ajudou a desenvolver postura, comportamento e posicionamento que foram fundamentais em minha jornada.

Concurso Garota Paulista: 3º lugar.

Eu conquistei o 3º lugar no concurso Garota Paulista, uma memória que ainda valorizo com o certificado que guardei. Além disso, tive a oportunidade de fazer participações em novelas como "Esmeralda" do SBT, em que inclusive tirei uma foto com a atriz principal, Bárbara Paz. Também fiz parte de outras novelas, como "Cristal", e participei de programas como "Poltrona Super Pop", além de desfilar para algumas marcas. Essas experiências no mundo do entretenimento e da moda foram marcantes em minha vida.

Hoje, quando preciso fazer fotos para matérias ou para projetos pessoais, como a abertura de uma marca de roupas em que serei a modelo, sinto-me confiante e preparada. As experiências anteriores me deram uma compreensão sobre como me apresentar e me posicionar, habilidades que são inestimáveis tanto no mundo da moda quanto no empresarial. Ser modelo me ensinou sobre autoconfiança, expressão corporal e como causar uma impressão positiva – competências que transponho para todos os aspectos da minha vida profissional e pessoal.

Ainda guardo com carinho a carta que enviei para o jornal para me inscrever para o concurso, e compartilho aqui com vocês.

Carta sorteada do book que ganhei do Jornal SP Centro.

por uma moça, de uma agência de modelo, cujo o nome da agência é Midia Com e essa moça, me convidou a fazer um teste de fotografia, com mais de 30 pessoas, aceitei e fiz o teste, uma semana depois a agência, liga em minha casa dizendo, que era para eu comparecer na agência, era uma festa que chegando na agência, conversei com a produtora, e lá estava também outra garota, que foi chamada também, ela nos disse que das 30 garotas, que fizeram o teste, só nos duas que passamos no teste, e que precisava da gente para, fazer fotos para os catálogos da loja Renner e Riachuelo, mas precisaríamos de ter o book. A garota que estava lá também, desistiu, eu não pude fazer o book, pois não tinha condições financeiras, e naquela época, estava desempregada, fiquei muito triste então a produtora, deu a nossa foto que fizemos lá, e eu voltei para casa muito triste.

Comecei a perceber, que eu realmente tinha jeito, para a carreira de modelo, comecei a correr atrás de meu sonho, ligava para as agências de modelos e manequim, para poder me agenciar, mas custava muito caro. Em 2002 assistindo o programa da Adriana Galisteu, é fhdil, que exibia na Record, teve uma matéria que falava sobre a vida de modelos, e no programa dela foi o Produtor Neime da Escola de modelos Wanamby, que fica localizada no Jardim Paulista em São Paulo, e no programa ele disse que os interessados, era para ligar e marcar, para fazer um cursinho com ele, na Es-

MINHA JORNADA NO MUNDO DA MODA

de Modelos Waramby, liguei, marquei e fui, não sabia como chegar lá, não sabia andar em São Paulo, me perdi, peguei uma chuva, que me deixou toda molhada, mas não desisti, fui pedindo informações para as pessoas, de como chegar lá, na tal rua, cheguei as 18:00hr, pensando que estava atrasada, mas o cursinho começou as 18:30h.

Quando marquei esse cursinho, por telefone, a atendente me disse que era, para levar um par de sapatos de saltos, e uma peça de roupas confortáveis, para o curso, isso foi a minha sorte, pois eu estava encharcada e toda molhada da chuva, fui ao banheiro e troquei de roupa e sapatos. Enfim o curso começou e eu desfilei com o Naime, ele nos ensinou, como dar os passos na passarela, de como se maquiar e andar em cima dos saltos, ensinou os movimentos das mãos na panícula, e até como se comportar diante das câmeras e máquinas de fotografar, foi tudo muito maravilhoso, me senti tão feliz por estar ali, aprendi muitas coisas com ele em poucas horas.

Para darmos continuidade a esse curso, deveríamos, pagar uma taxa e fazer o book, e nos registrar na escola, mas uma vez não tive condições financeiras.

Cheguei em casa, muito triste, e não aceitava porque a vida era tão injusta comigo, muitos me falavam que eu tinha perfil, altura, rostinho angelical, mas só isso não bastava, eu precisava de dinheiro e não tinha, minha mãe sempre me apoiando para continuar.

No ano de 2003, estava trabalhando de

secretária em uma academia, e olheando a lista telefônica, para procurar um nº de tel. para minha patroa, vi alguns telefones de agências de modelos/manequins, liguei p/ algumas delas e marquei um dia para, conhecer a agência e fazer uma ficha.

Fui então na Agência Zapping, que fica localizada no Sotuapé, conversei com o produtor Tito Melo, ele me disse que eu tinha, todos os requisitos para ingressar na carreira de modelo, ele me pediu, que eu fizesse um book com eles, nessa mesma época, a agência iria realizar em Concurso Garoto e Garota Paulista 2003, no Bairrinho Democrata Sotuapé, com parceria a campanha Sras da Paz, e o produtor me convidou a participar, e me disse que quem ficasse em 1º lugar, ganharia o book, mais 2 anos de agenciamento na Zapping. Percebi que ali era a minha chance, de fazer o meu book e de me agenciar, e logo aceitei, e me inscrevi.

No dia do desfile, fui com minha mãe e duas amigas, que me apoiaram muito, lá tinha vários produtores de outras, agências e diretores da TV Record e Band, estava lá também a Brianquinha do Balão Mágico, essas pessoas fazem parte da comissão julgadora. Fiquei em terceiro lugar, fiquei feliz, em uma parte pois consegui chegar em algum lugar, porque mas não fiz dessa vez que iria fazer o meu book.

O tempo passou, e até então deixei de lado a carreira de modelo, pois estava sendo

MINHA JORNADA NO MUNDO DA MODA **67**

...ito difícil, Sei que não podemos desistir de nossos sonhos, comecei a trabalhar como promotora de Vendas do Credicard, e logo em seguida fui promovida p/ Supervisora de Vendas, e eu viajava muito à trabalho, e tempo p/ mim n Sobrava, quando comecei a guarda dinheiro, p/ fazer o tão sonhado book, meu padrasto adoeceu, e faleceu, então tive que assumir novamente as responsabilidades da casa, e ajudar minha mãe, fazem 3 meses que ele faleceu e 1 semana que estou desempregada.

Minha mãe lendo o jornal São Paulo Centro, leu esse anúncio, e me apoiou a escrever;

Tenho vários sonhos em minha vida, mas esse é um dos que mais almejo realizar de ter o meu book e de ser modelo/manequim, e mais uma vez vou tentar.

Essa é a minha historia e o meu sonho!

Desde de ja, já agradeço à todos do jornal São Paulo Centro, por essa oportunidade.

Um grande abraço

Juli A. Benvenuto.

(Re)escrevendo MINHA HISTÓRIA

SONHO REALIZADO
Jornal SPCentro entrega book á leitora

O *São Paulo Centro* realizou o sonho de Sueli Benvenuto de 21 anos, dando-a de presente um book com 68 fotos digitalizadas, sendo 20 impressas. O *SPCentro* e a The Booker (produtora), ficaram felizes por mais essa realização. Abaixo publicamos o depoimento da ganhadora.

"Agradeço ao jornal *SPCentro*, pela oportunidade que me deram, estou muito feliz com o book, pois as fotos ficaram lindas.

Consegui me inscrever nas agências de modelos e manequins, graças a vocês.

O sonho que pensei nunca realizá-lo, hoje é realidade. Uma frase que sempre tenho em mente e faz parte da minha vida; 'Se não tentarmos nunca iremos saber se iremos conseguir'.

Agradeço a Deus que sempre me deu forças para lutar, a minha mãe Odenilda Benvenuto, que me incentivou a escrever para essa promoção e ao *Jornal SP Centro*, que me deu essa oportunidade.

Obrigada!!! Um grande Beijo para todos vocês!"O São Paulo Centro e a The Book lhe deseja muita sorte e que Deus sempre a ilumine para que consiga realizar os seus sonhos.

Sueli Benvenuto

10 Anos "A Notícia do Centro"

Matéria: quando ganhei o book.

MINHA JORNADA NO MUNDO DA MODA **69**

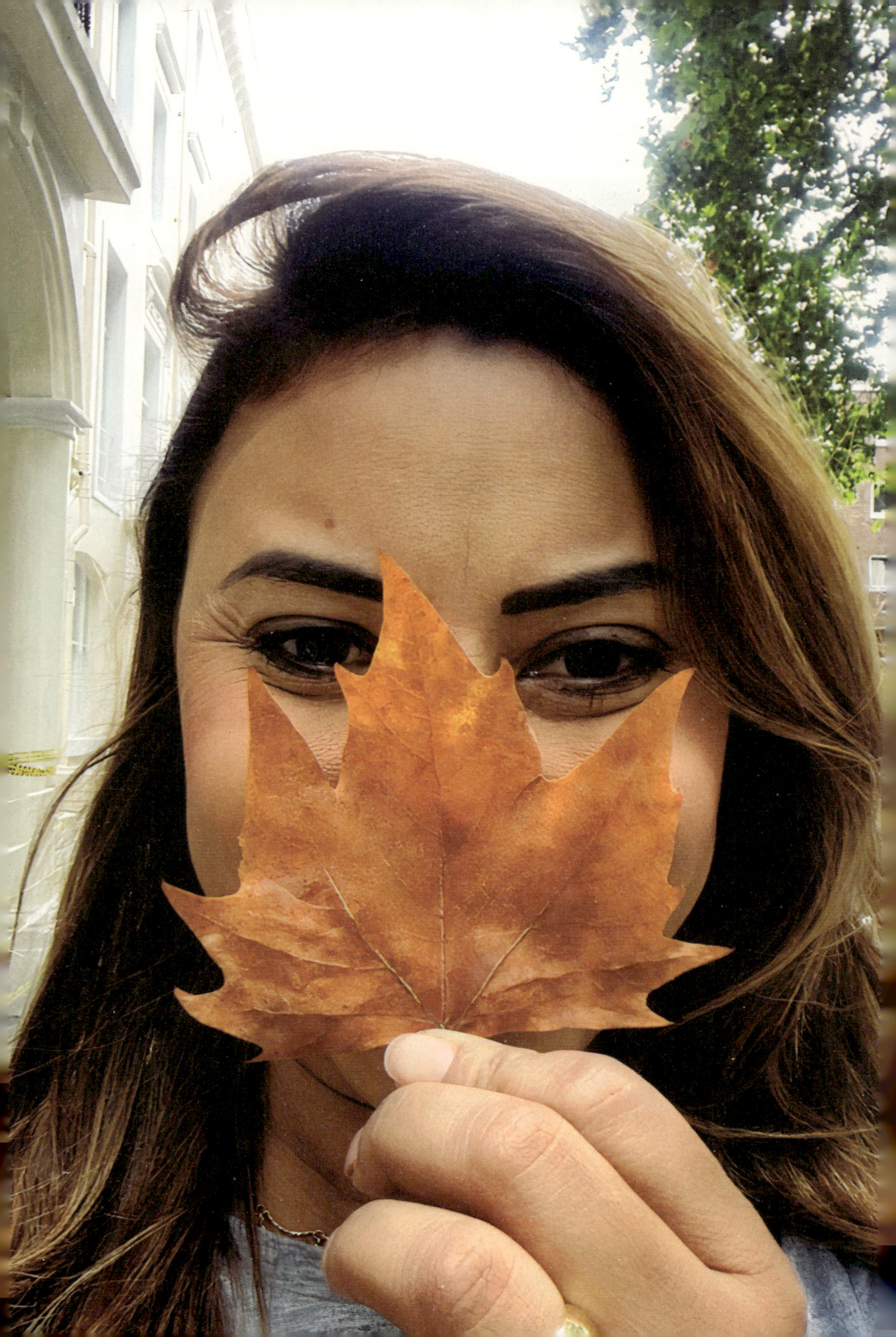

CAPÍTULO 7
CONFIANÇA É FUNDAMENTAL

A história que vou contar é uma daquelas que fazem o coração apertar, pois revela a traição de alguém em quem confiamos profundamente. Conheci essa pessoa em uma das empresas em que trabalhei. Desde o primeiro dia, ele foi o primeiro a se apresentar a mim. Assim começou nossa amizade, uma amizade que parecia nascer para ser eterna.

Com o tempo, nossa ligação se fortaleceu. Trabalhávamos juntos, ríamos juntos, compartilhávamos segredos. Nossa gerente, em certo momento, até nos separou de setor, mas isso não afetou nossa amizade. Ela só ficou mais forte.

Ele conheceu minha família, eu dormia na casa dele, e nossas vidas estavam entrelaçadas de tal forma que parecíamos inseparáveis. Eu fui promovida à supervisora, e ele se tornou meu subordinado, mas isso não abalou nossa amizade; pelo contrário, só a fortaleceu.

Foram 13 anos de companheirismo, lealdade, momentos bons e ruins compartilhados. Éramos como confidentes, bastava um olhar para entendermos o que o outro queria dizer. Às vezes, as pessoas até pensavam que éramos namorados, mas apenas compartilhávamos interesses e objetivos em comum e, além disso, ele era homossexual.

Mas a vida gosta de nos surpreender; nem sempre essas surpresas são boas. Eu comecei a seguir meu caminho, estudando e abrindo minha empresa, a AlphaÔmega. No início, havia um pouco de ciúme, talvez até uma ponta de inveja, mas acreditei que nossa amizade fosse inabalável.

À medida que a AlphaÔmega crescia, esse amigo juntou-se à empresa. Trabalhávamos lado a lado, e sua presença parecia ser um sinal de bons tempos. No entanto, com o passar dos dias, percebi uma mudança em sua atitude. Nossas conversas já não eram as mesmas, e ele começou a se afastar. Nossa amizade, que parecia linda por tanto tempo, começou a desmoronar. Foi quando descobri suas ações desleais.

O que inicialmente parecia ser uma parceria promissora, transformou-se numa surpresa desagradável: ele abriu a própria empresa de tradução, replicando não apenas o modelo de negócios da AlphaÔmega, mas também levando consigo nossa comunicação visual e, o mais chocante, nossa carteira de clientes.

Fiquei sabendo disso da maneira mais inesperada. Clientes começaram a me ligar, confusos, perguntando sobre a nova empresa que lhes oferecia serviços similares. No início, senti um misto de incredulidade e decepção. Como alguém em quem eu confiava poderia fazer algo assim?

No momento da descoberta, pedi a Deus para não guardar mágoas dele, por mais que aquilo me machucasse. Assim, em meio à turbulência desses eventos, me mantive calma. Compreendi que a verdadeira alma da AlphaÔmega não era algo que poderia ser facilmente replicado ou roubado. Era o atendimento personalizado, a qualidade impecável de nosso serviço e a confiança que construímos com nossos clientes. Esses valores foram os pilares que eu havia estabelecido e eram a essência do que tornava minha empresa única.

Tentei falar com ele várias vezes, mas evitava meu contato. Quando finalmente enviei um e-mail, ele confessou suas ações e me tratou como se eu fosse uma estranha. Fiquei devastada, chorei muito, pois era uma decepção que não esperava. Ele passou por cima de uma amizade de longa data, de segredos compartilhados, de respeito mútuo.

Para minha surpresa e alívio, os clientes permaneceram leais. Eles reconheceram a qualidade e a dedicação que sempre pautaram nosso trabalho. Esse episódio, embora inicialmente perturbador, acabou por reafirmar a força e a solidez da AlphaÔmega. Continuamos a crescer, fortalecidos pela lealdade de nossos clientes e pela certeza de que, no final das contas, é a qualidade e a integridade do serviço que realmente contam.

Essa experiência foi uma lição valiosa sobre confiança e resiliência. Ensina que, mesmo diante das adversidades e da decepção, manter a fé nos valores fundamentais da empresa e na relação construída com os clientes é o que realmente sustenta e faz prosperar um negócio.

A experiência com meu ex-colega de trabalho reforçou em mim a importância de se cercar de pessoas honestas e confiáveis, especialmente no mundo dos negócios. Aprendi que o sucesso de uma empresa depende tanto da qualidade do serviço quanto da integridade das pessoas que fazem parte dela. Essa lição foi ainda mais acentuada pelas interações com alguns membros da minha família, que, ao contrário do que esperava, não me apoiaram e até duvidaram da minha capacidade de empreender e prosperar.

Entendi que, em qualquer empreendimento, é crucial construir uma equipe em que você possa confiar – pessoas que compartilham não apenas da sua visão, mas também de seus valores.

A honestidade, a lealdade e a integridade devem ser a base sobre a qual as relações profissionais são construídas. Isso se torna ainda mais importante quando enfrentamos o ceticismo ou a falta de apoio de quem esperávamos encorajamento, como foi o caso de alguns parentes.

A falta de apoio familiar foi desafiadora, mas também me ensinou a importância de acreditar em mim mesma e na minha visão. Tornou-me mais forte e mais resoluta em provar que eles estavam errados. Mostrou-me que é bom ter o apoio de entes queridos, mas o sucesso final de um empreendimento depende do próprio empreendedor, da determinação, da habilidade de superar adversidades e da capacidade de cercar-se de uma equipe confiável.

Portanto, a confiança e a honestidade não são apenas qualidades desejáveis, mas essenciais tanto no âmbito pessoal quanto profissional. São elas que sustentam e impulsionam um negócio, mesmo nos momentos de dúvida e desafio.

Apesar dos esforços do meu ex-sócio para me prejudicar, seu empreendimento não prosperou. Essa experiência foi uma aula valiosa sobre o mundo dos negócios. Eu, ainda inexperiente na época, enfrentei diversos obstáculos: quebrei a cara, perdi dinheiro, chorei inúmeras vezes e considerei desistir. Muitas vezes, aceitava passivamente o que os clientes diziam, sem questionar ou defender minha posição. As dúvidas, os medos e as inseguranças eram constantes companheiros.

No entanto, cada um desses desafios serviu como uma lição importante. Aprendi a lidar com as adversidades, a fortalecer minha resiliência e a desenvolver uma abordagem mais assertiva e confiante nos negócios. Hoje, encaro qualquer contratempo com uma postura mais experiente e segura. As experiências moldaram-me não apenas como empresária, mas também como pessoa, ensinando-me que, mesmo nas situações mais difíceis, há sempre algo valioso a ser aprendido.

CAPÍTULO 8
CONFECCIONANDO SONHOS SUSTENTÁVEIS

Antes de mergulhar na história da Bio, preciso compartilhar breve incursão pelo mundo do Direito. Influenciada pela minha irmã Elidiane, estudante de Direito, e por outras pessoas que viam em mim um perfil de advogada, decidi me aventurar na área jurídica. Com essa ideia em mente, ingressei na Universidade Anhembi Morumbi, localizada na Av. Paulista. Cursei Direito por dois anos, mas percebi que meu tempo estava se tornando escasso. A AlphaÔmega exigia minha dedicação total, e havia também a nova empreitada: a Bio Beachwear.

Conversei com minha irmã sobre minha decisão de trancar a faculdade. Apesar de ser apaixonante e trazer muitos conhecimentos valiosos, o Direito teve que ceder espaço para meus projetos empresariais. Hoje, se eu voltasse à faculdade, seria mais por *hobby* e pelo prazer do aprendizado, pois realmente gostei do curso.

Durante minha estada na universidade, conheci Beatriz, ou Bia, como gosto de chamá-la. Ela se tornou uma pessoa muito especial na minha vida e, mais tarde, veio trabalhar comigo como estagiária na Bio Beachwear. Sua jornada conosco não parou por aí; hoje, ela é uma parte valiosa da equipe da AlphaÔmega Traduções. A experiência na faculdade de Direito, mesmo breve, foi enriquecedora e me trouxe conexões duradouras e significativas, como a amizade e parceria profissional com Bia.

Desde a primeira vez que pisei na areia e vi a imensidão do mar aos 15 anos, sabia que tinha encontrado um lugar no qual minha alma se sentia em casa. Essa paixão pelas praias continuou crescendo ao longo dos anos, especialmente durante os três meses que passei em Santos a trabalho com a Credicard. Cada nova praia que conhecia me encantava mais, mas algo me incomodava: a falta de criatividade e qualidade nos produtos de moda praia disponíveis no mercado.

Essa percepção ganhou força durante uma viagem de 13 dias a Porto de Galinhas com meu esposo, um companheiro de viagens e aventuras. Lá, me deparei com lojas cheias de biquínis lindos e vibrantes, tão diferentes do que estava acostumada. Após comprar um, cujo tecido me impressionou, entrei em contato com o fabricante, marcando uma reunião no aeroporto de Guararapes antes do meu voo de volta para São Paulo.

Durante uma viagem de carro de Porto de Galinhas a Maragogi, discutindo essa nova ideia com meu esposo, senti a necessidade de encontrar um nome que captasse a essência da natureza ao meu redor – árvores, mar e sol. Foi então que a palavra "Bio" surgiu em minha mente. Bio, do grego, significa "vida", e reflete perfeitamente a relação com o ser vivo e a naturalidade que queria para minha marca.

E assim, nasceu a Bio Beachwear, um projeto que combinava minha paixão pelo mar com um desejo de trazer produtos de moda praia que evocassem vida, cor e qualidade.

A ideia da Bio Beachwear começou a tomar forma, e eu me empenhei em desenvolver esse conceito, buscando trazer algo novo e representativo para o mercado de moda praia. Lembrei-me do fornecedor que conheci em Porto de Galinhas e decidi começar vendendo 15 peças da marca dele. Para minha surpresa, vendi todas em uma semana, o que me deixou extremamente feliz e motivada. Contudo, percebi que, apesar do sucesso inicial, as peças dele não representavam o que eu queria para a Bio Beachwear.

No início, enfrentei muitos desafios. Não tinha conhecimento sobre tecidos, confecção e tudo mais que envolvia criar uma linha de *beachwear*. Cheguei a pensar em desistir, pois me sentia perdida, sem saber por onde começar. Não encontrava os tecidos certos, nem uma confecção adequada para desenvolver meus produtos.

Foi então que meu esposo, sempre calmo e ponderado, sentou-se comigo e, juntos, traçamos um plano de ação. Visitamos fábricas de tecidos para encontrar aqueles que se adequassem à cultura da Bio. Buscamos uma confecção especializada em biquínis, pois, para quem não sabe, esse tipo de produto exige máquinas específicas. Organizamos a identidade visual da marca, e meu esposo desenvolveu o site. Por fim, abri o CNPJ, organizei a empresa nos órgãos competentes e lidei com toda a burocracia necessária.

Passo a passo, a Bio Beachwear começou a se tornar uma realidade, fruto de muita vontade, trabalho duro e um planejamento cuidadoso.

Depois de alinhar todos os detalhes, fiz contato com uma confecção que aceitou trabalhar na minha primeira pequena produção e que continua a nos atender até hoje. Lá, aprendi sobre a quantidade de tecido necessária e quais modelos estavam em alta. No entanto, as estampas eram minha responsabilidade; decidimos que precisávamos de algo exclusivo. Optamos por estampas únicas na maioria de nossas produções, o que se revelou uma decisão acertada.

Fiz a primeira compra de tecidos com uma pegada natural, vibrante e cheia de cores, refletindo a brasilidade. Além disso, os produtos eram sustentáveis, com proteção UV e propriedades antibacterianas. Lançamos nossa primeira coleção no verão de 2017, e a questão era: o que fazer agora? Encontramos um estúdio para fotografar modelos usando nossas peças, e logo nossos biquínis começaram a atrair a atenção de influenciadoras interessadas em parcerias. Até participamos de um desfile em Bauru, organizado por uma *influencer* digital da região, uma experiência incrível.

Com o crescimento e a visibilidade da Bio Beachwear, senti a responsabilidade de patentear o nome dela e das demais empresas associadas. Hoje, a Bio está presente em diversos *marketplaces* e já exportamos para Itália, Portugal, EUA e Holanda, marcando nossa presença no cenário internacional da moda praia. É gratificante ver como a Bio evoluiu, desde os primeiros passos até se tornar uma marca reconhecida e admirada além das fronteiras do Brasil.

Você sabia que a indústria da moda é a segunda mais poluidora do mundo, atrás apenas da indústria petrolífera? Levantamento publicado pela Global Fashion Agenda, organização sem fins lucrativos, apontando que mais de 92 milhões de toneladas de resíduos têxteis foram descartados em anos recentes. Esses dados chamam a atenção para a necessidade de criar cada vez mais uma moda sustentável.

A intersecção entre sustentabilidade e moda representa um movimento crescente que busca reconciliar tendências de estilo com a preservação ambiental e responsabilidade social. Esse movimento desafia a indústria da moda, historicamente conhecida por seu impacto ambiental significativo e práticas de trabalho questionáveis, a redefinir operações e filosofia.

A sustentabilidade na moda engloba uma série de práticas, desde a escolha de materiais ecológicos e processos de produção com baixa emissão de carbono até a implementação de políticas de comércio justo e ético.

CONFECCIONANDO SONHOS SUSTENTÁVEIS 79

Por causa disso, a Bio Beachwear, adota a sustentabilidade como um dos seus principais ideais de não apenas contribuir para a preservação do meio ambiente, mas também para a criação de uma consciência coletiva sobre consumo responsável.

Tal princípio que sustenta a Bio Beachwear está presente em todos os processos e acessórios da marca: desde o saquinho plástico que embala nossas peças até o papel das etiquetas. Para além disso, atuamos de acordo com os três pilares da sustentabilidade: social, econômico e ambiental.

Como é nossa atuação em cada pilar?

Social: temos uma forte preocupação com nossos colaboradores, fornecedores e toda comunidade envolvida no processo. Acreditamos na melhoria contínua e estimulamos um ambiente em que a qualidade de vida e as relações amigáveis são primordiais.

Econômico: nossas práticas preservam os ecossistemas e o meio ambiente. Todas as peças são produzidas com tecidos sustentáveis e atenção a cada etapa, para garantir um fluxo verde do início ao fim.

Ambiental: em nosso DNA, está a valorização dos recursos naturais. Ou seja, nossas condutas impactam o meio ambiente de forma favorável. Estamos sempre buscando formas de minimizar ao máximo os danos ambientais, evitando desperdícios na cadeia produtiva e apostando em materiais sustentáveis.

"Causar o menor impacto possível no meio ambiente."

Acima de tudo, essa é uma das causas que abraçamos fortemente. Confira, a seguir, exemplos da nossa sustentabilidade na prática.

- Embalagens plásticas: 100% produzidas em PVC reciclável. Atualmente, o policloreto de vinila – nome completo do PVC – é o terceiro plástico mais produzido do mundo, e apenas isso basta para mostrar a importância de se utilizar o PVC reciclável.

- Etiquetas desenvolvidas com fios sustentáveis.

Na Bio Beachwear, a sustentabilidade é um caminho trilhado diariamente, com respeito aos recursos naturais e muita consciência. Ao comprar nossas peças, você está apoiando o consumo responsável e contribuindo para o futuro promissor das gerações.

Mas não foi fácil. A experiência com a nova confecção quase me levou à ruína. No início, tudo parecia promissor, mas logo percebi que a situação estava se deteriorando rapidamente. A confecção não entregou o que havíamos combinado, e as peças estavam malfeitas, tortas e de baixa qualidade. Como alguém que valoriza a qualidade e o bom serviço, fiquei chocada com o que estava acontecendo.

Minha primeira reação foi tentar resolver a situação de forma amigável, mas o dono da confecção não estava disposto a cooperar. Ele me hostilizou e atacou, mesmo quando eu estava claramente certa sobre a baixa qualidade do trabalho.

Com o tempo, as promessas vazias continuaram, e não conseguia obter respostas claras ou soluções para meu problema. A situação estava afetando gravemente minha reputação e minhas finanças. Eu não podia entregar produtos de qualidade inferior a meus clientes, mas também não tinha uma coleção para lançar, o que resultou na exclusão dos *marketplaces* e em perdas financeiras significativas.

Tentei recuperar parte dos custos entrando em contato com o dono da confecção, mas ele só pagou uma pequena parte. Foi então que decidi tomar medidas legais e levar o caso à justiça. O processo legal foi longo e desafiador, mas, no final, o responsável pela confecção foi condenado a pagar todos os custos e prejuízos que me causou.

Foi um ano angustiante, repleto de lutas e desafios, mas consegui superar. Em 2020, enfrentamos novos problemas, incluindo a pandemia, o fechamento de lojas e problemas econômicos. No entanto, consegui reerguer a Bio Beachwear, aproveitando a oportunidade de atender às necessidades das pessoas que estavam buscando refúgio em praias, sítios e fazendas durante esse período difícil. Uma megapromoção e a venda do estoque me ajudaram a recuperar a Bio Beachwear; hoje estamos presentes em mais de 12 *marketplaces*.

CAPÍTULO 9

A AGULHA E A APRENDIZ: CONTOS DE UMA COSTUREIRA MODERNA

Tenho um carinho especial ao falar das Máscaras da Su, um projeto que surgiu de maneira inesperada e natural, inspirado por um *insight* divino. Mas, antes de entrar nos detalhes desse empreendimento, quero contar como a costura entrou na minha vida.

Desde sempre, fui apaixonada por artesanato e tinha um desejo enorme de aprender bordado, crochê e tricô. Minha jornada começou com o bordado em ponto cruz, na oitava série. Lembro-me vividamente de minha amiga Juliana me apresentando à Glaucia, que me ensinou os primeiros pontos. O primeiro trabalho que completei foi uma *nécessaire* bordada com uma gueixa, uma peça que ainda guardo com muito carinho. Depois, aprendi um pouco de tricô e crochê com minha saudosa tia Madalena.

Sempre fui uma pessoa inquieta e entusiasmada, características que, acredito, fizeram de mim a filha que mais deu trabalho à minha mãe. Estava constantemente em busca do novo, de mudanças ou de algo que pudesse melhorar o que estava ruim. Minha mãe costumava me chamar de "formiguinha", pois eu estava sempre ocupada com algum projeto ou curso novo, seja em artesanato ou planejando viagens pelo mundo afora. Fui a primeira da família a fazer uma faculdade, a tirar a CNH, a dirigir e a empreender. E foi assim que, anos atrás, desenvolvi uma paixão pela costura.

Essa atividade sempre esteve presente na minha vida de alguma forma. Embora não tenha tido a oportunidade de conhecer minha avó profundamente – encontrei-a apenas uma vez, quando tinha 8 anos –, sei que ela era uma costureira excepcional. Trocávamos cartas regularmente, ela em Pernambuco e eu em São Paulo. Esse vínculo distante, mas significativo com minha avó, foi um dos muitos fatores que me fizeram olhar para a costura como algo fascinante e valioso.

Na minha adolescência, quando comecei a descobrir um pouco mais sobre quem eu era, enfrentei um desafio peculiar: meu peso. Eu era extremamente magra, pesando apenas 45 quilos, um peso que me acompanhou até os 30 anos. Encontrar roupas que se ajustassem ao meu corpo era uma tarefa árdua. Muitas vezes, me via comprando roupas na seção infantojuvenil das lojas de departamento. E, quando finalmente encontrava uma peça do meu tamanho, nem sempre era do meu gosto.

Ser magra naquela época me fazia sentir como um patinho feio, especialmente quando comparada às outras meninas do ginásio, que pareciam mais encorpadas e bonitas. Lembro-me até de usar duas calças ao mesmo tempo para parecer ter um corpo mais cheio. Os apelidos que recebia, como "magrela" e "Olívia Palito", apesar de não serem considerados *bullying* na época, me deixavam envergonhada.

Uma lembrança engraçada, porém embaraçosa, aconteceu quando a mãe das crianças que eu cuidava me levou para comprar roupas. Após tentar várias calças tamanho 34 e nenhuma servir, ela brincou, dizendo que o problema não eram as calças, mas eu mesma. Para solucionar esse problema, comecei a contar com a ajuda de Dona Maria, uma costureira que morava perto da casa da minha mãe. Levar peças para ela ajustar tornou-se uma rotina, e cada peça que ela entregava, perfeitamente ajustada, era uma alegria para mim. Com o tempo, nossa relação evoluiu para uma linda amizade que mantenho até hoje.

Dona Maria foi mais do que uma costureira, foi parte importante da minha vida. Muitas vezes, eu chegava tarde na casa dela, implorando para que ajustasse uma peça de última hora. Ela dizia que estava tarde e que não faria. Eu implorava e dizia para ela: é só um *"zumzum"* (barulho que a máquina fazia). Ela dava risada, me chamava de nomes carinhosos e sempre acabava cedendo aos meus pedidos. Eu a observava costurando e manuseando a máquina de costura com tanta habilidade, e isso despertava em mim

Minha primeira máquina de costura: começo do sucesso das Máscaras da Su.

uma vontade imensa de aprender. Apesar de ela se preocupar que eu pudesse me machucar, minha curiosidade e admiração pela costura só cresciam.

Ela não só me ajudou com inúmeras peças de roupa, mas também desempenhou um papel fundamental no desenvolvimento do meu *hobby* pela costura. Ela tem uma parcela significativa de responsabilidade na paixão que desenvolvi pelo ofício.

Trabalhar na confecção de roupas foi uma fase enriquecedora da minha vida. Lá, eu era responsável pela qualidade e pelos arremates, e essa experiência me deu acesso a várias máquinas de costura. Aprender os nomes e funções de cada uma delas foi empolgante, e enxerguei ali a oportunidade perfeita para aprender a costurar. Um dia, tomei coragem e pedi ao meu patrão para me deixar ajudar a colocar etiquetas nas camisas polo. Ele concordou e me ensinou o processo. Lembro-me da minha alegria naquele momento, da empolgação de estar aprendendo algo novo.

Depois de me casar e me mudar para longe, a distância me separou da Dona Maria, minha querida amiga e costureira. Foi então que, em um sábado à tarde, assistindo a um vídeo sobre costura, decidi comprar minha máquina de costura. Meu esposo me acompanhou à loja, comprei uma Singer doméstica, ideal para pequenos trabalhos. Aquela máquina me trouxe muita alegria e me permitiu realizar diversos projetos.

Porém, com o tempo e a correria do dia a dia, acabei deixando a máquina um pouco de lado. Foi então que começaram os rumores sobre a pandemia do coronavírus, covid-19, na China. À medida que o mundo começou a prestar mais atenção nesse evento, algo novo e desafiador estava prestes a começar na minha jornada.

CAPÍTULO 10
A HISTÓRIA DAS MÁSCARAS DA SU

Você já parou para pensar como é essencial refletir sobre a importância de aproveitar as oportunidades, mesmo diante de circunstâncias desafiadoras ou assustadoras? A pandemia de covid-19, por exemplo, apresentou um cenário global de incerteza e medo, transformando radicalmente a vida como a conhecíamos. No entanto, mesmo nos momentos mais sombrios, existem brechas para crescimento, inovação e adaptação.

A pandemia, apesar de suas consequências devastadoras, também forçou muitos de nós a repensar nossas vidas, nossos negócios e nossas prioridades. Foi um período que provou a resiliência humana e a capacidade de encontrar luz mesmo na escuridão mais profunda. Para empreendedores, em particular, tornou-se um período de reavaliação e reinvenção.

Além disso, diante de desafios sociais de grande magnitude, como a pandemia de covid-19, torna-se ainda mais evidente a necessidade de contribuir e fazer a nossa parte, por menor que possa parecer. Cada gesto tem o poder de impactar vidas e criar ondas de mudança positiva em nossa comunidade.

Foi exatamente esse espírito e a vontade de fazer a diferença que impulsionaram minha nova empreitada. Percebi que, mesmo em meio a um cenário desolador, eu tinha a capacidade de contribuir de maneira significativa.

No final de 2019, um evento que mudaria o curso da história moderna começou a se desenrolar: a Organização Mundial da Saúde foi alertada sobre casos de uma nova pneumonia em Wuhan, China. O vírus, posteriormente identificado como uma nova cepa de coronavírus, desencadeou uma crise global sem precedentes. Em janeiro de 2020, o mundo despertou para a realidade dessa nova ameaça à saúde pública. O coronavírus, conhecido por causar resfriados comuns, havia agora se transformado em algo muito mais grave.

No fim daquele mês, a OMS elevou o surto a uma Emergência de Saúde Pública de Importância Internacional, iniciando um esforço global para conter a propagação do vírus. Foi durante esse período tumultuado, em fevereiro de 2020, que minha irmã, que trabalhava em um hospital, me contou sobre a escassez de máscaras cirúrgicas. Após desligar o telefone, enquanto tentava ler um livro no meu quarto, um pensamento me ocorreu: "Por que não faço máscaras de tecido?"

Foi então que me lembrei da minha antiga amiga, a máquina de costura, guardada dentro do baú da cama. Com alguns tecidos estampados que ainda tinha, aprendi a fazer máscaras. Mostrei o resultado para minha irmã, que imediatamente pediu sete delas e as levou para o hospital. Suas colegas também se interessaram e, em breve, os moradores do meu prédio começaram a pedir. De maneira inesperada e despretensiosa, nascia ali um novo projeto: as Máscaras da Su, um pequeno gesto em meio a uma crise global que refletia meu desejo de ajudar e empreender na luta contra a pandemia.

Quando compartilhei nos *status* do WhatsApp fotos usando as máscaras que havia confeccionado, não demorou para que as críticas começassem a surgir. Recebi várias mensagens questionando a eficácia e a segurança das máscaras de tecido, alegando que poderiam prejudicar a respiração ou que precisavam da aprovação da Anvisa. Naquele momento, tive que fazer uma escolha: ou parava de fazer as máscaras diante das críticas, ou seguia acreditando no meu propósito.

A decisão se tornou clara quando o então Ministro da Saúde, Luiz Henrique Mandetta, afirmou em um pronunciamento que qualquer pessoa poderia fazer sua máscara de pano. Ele pediu que as máscaras cirúrgicas e N95 fossem reservadas para os profissionais da saúde. Assistindo a isso, senti que a porta se abria verdadeiramente.

Em qualquer jornada, especialmente quando estamos dedicados a fazer algo significativo ou inovador, enfrentamos inevitavelmente uma variedade de críticas. É crucial compreender a importância de não se abalar por elas, pois, muitas vezes, são reflexos das inseguranças ou limitações dos outros, e não uma verdadeira medida do valor ou potencial do nosso trabalho.

Manter a confiança em nossa visão e objetivos é fundamental. Cada crítica deve ser vista como uma oportunidade de aprendizado e crescimento, não como um obstáculo intransponível. A habilidade de filtrar *feedbacks* construtivos e ignorar críticas destrutivas é uma arte que se aprimora com o tempo e a experiência.

Lembre-se: grandes inovações e sucessos frequentemente enfrentam resistência inicial. A história está repleta de ideias revolucionárias que foram inicialmente rejeitadas. Portanto, é essencial manter a fé em si mesmo e em sua missão, continuar trabalhando com dedicação e paixão, e não permitir que as críticas diminuam seu entusiasmo ou alterem seu curso. A verdadeira força reside na capacidade de permanecer firme e resiliente diante das adversidades, transformando críticas em degraus para o sucesso.

Não muito tempo depois, fui convidada para uma entrevista on-line e, em seguida, para uma participação ao vivo em rede nacional. "Máscaras da Su" foi o nome que escolhi para o projeto, pois ele carregava o meu DNA, a minha essência e o meu desejo de ajudar.

Após a reportagem, ao verificar minhas redes sociais e o site que meu esposo havia criado para as Máscaras da Su (mascarasdasu.com.br), fiquei surpresa com a quantidade de pessoas do Brasil inteiro querendo comprar meus produtos. O site estava repleto de pedidos, e até pessoas de outros países começaram a entrar em contato.

Foi um momento de realização e confirmação de que seguir, apesar das críticas, foi a escolha certa. Eu estava fazendo a minha parte, contribuindo para um bem maior durante um período tão difícil.

Em meio à tempestade da pandemia, descobri uma oportunidade de contribuir positivamente por meio daquele projeto, pois não era apenas sobre a venda de máscaras, mas sim sobre criar conexões, valorizar o artesanato e abraçar o espírito empreendedor. Cada pedido era mais que uma transação; era um voto de confiança de pessoas de todo o Brasil em nosso trabalho artesanal. Com as vendas, fizemos centenas de doações solidárias, pois sabia que não bastava ter sucesso em um projeto, era necessário estender as bênçãos aos outros também.

(Re)escrevendo MINHA HISTÓRIA

Transformei a sala do meu apartamento em uma oficina de costura, onde eu e minhas irmãs nos unimos na missão de ajudar e empreender. Juntas, assumimos diferentes papéis: eu costurava, uma cortava os tecidos, outra passava as peças, e a última as embalava e despachava. O local que antes era de convívio familiar se tornou o coração de um projeto empreendedor.

A demanda pelos produtos cresceu exponencialmente, e até cheguei a produzir de 20.000 máscaras em menos de dois meses. Para gerenciar os pedidos e compartilhar informações sobre o uso adequado desses acessórios artesanais, criei um perfil no Instagram e distribuí panfletos educativos. Essa experiência me fez perceber uma lacuna no mercado e despertou o desejo de expandir ainda mais meu projeto.

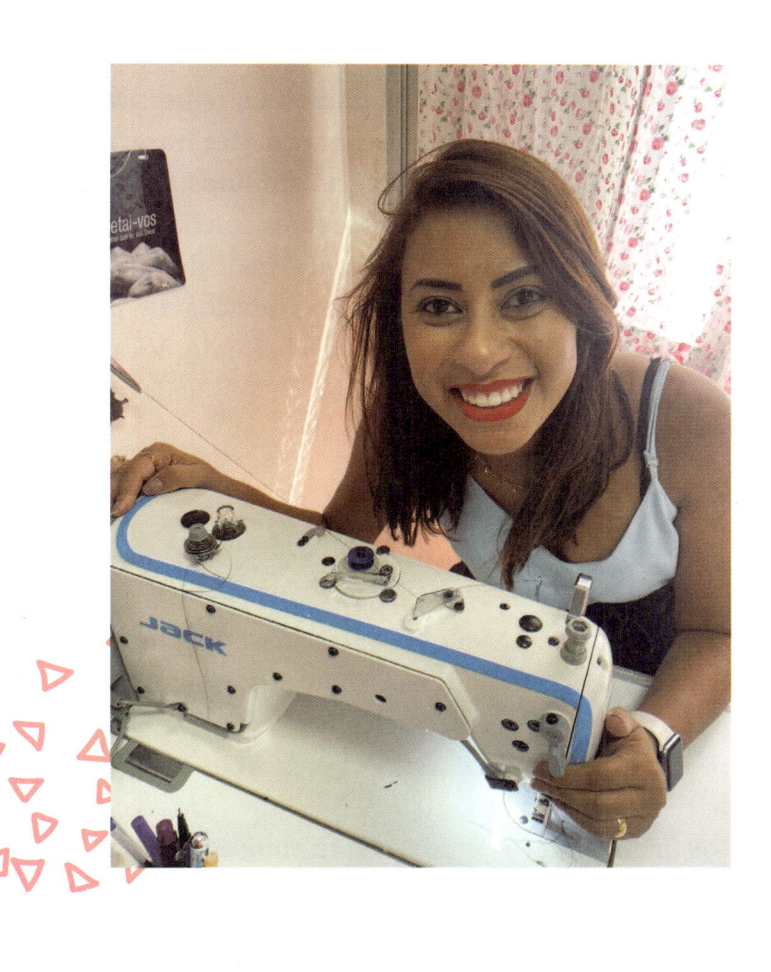

As máscaras chamaram a atenção de influenciadores e famosos, ampliando seu alcance e impacto. Esse reconhecimento reforçou meu compromisso em continuar a jornada, inspirando-me a expandir para a costura criativa. Assim, o ateliê se tornou um espaço de inovação, no qual produzia jalecos personalizados, bolsas e *nécessaires*, cada um com sua história e charme. Todos os itens representavam não apenas um acessório, mas uma extensão do meu comprometimento em trazer um toque de felicidade e originalidade para as vidas das pessoas.

E que ironia do destino, eu que confeccionava máscaras peguei covid em dezembro de 2020, ficando reclusa por 15 dias, me impossibilitando de trabalhar.

Atualmente, tenho um ateliê onde crio peças de costura criativa. O espaço é acolhedor, decorado em tons de rosa, e equipado com três máquinas: uma reta, uma overloque e uma bordadeira. Aqui, dedico horas a desenvolver peças encantadoras que agradam minhas clientes.

A jornada, nascida em um momento de crise, mostrou como a paixão pela costura pode gerar impacto e trazer alegria em tempos difíceis. As Máscaras da Su e os produtos do ateliê não eram apenas itens utilitários, mas expressões de criatividade e inovação.

Para mim, a costura criativa é mais do que um *hobby*, é uma forma de terapia. Continuo me aperfeiçoando por meio de cursos e aprendizados diários, sempre buscando novas técnicas e inspirações para minhas criações.

CAPÍTULO 11
COMPANHEIRISMO E INDEPENDÊNCIA

Minha visão sobre o casamento sempre foi marcada por uma mistura de independência e desapego. Cresci em um ambiente em que as histórias matrimoniais não eram exatamente contos de fadas, o que me levou a encarar a ideia de casar com certa resistência. Não estava em meus planos costurar meu vestido de noiva e esperar um príncipe encantado.

Em minha mente, o casamento parecia um caminho que poderia limitar minha liberdade e independência, valores que eu prezava profundamente. Por isso, durante muito tempo, dediquei-me exclusivamente a meus objetivos pessoais e profissionais, encontrando satisfação na minha autonomia.

Apesar de ter tido relacionamentos, nunca os considerei como prelúdios para um casamento. Para mim, era importante manter minha liberdade e autonomia, acreditando que poderia ser completamente realizada sem a necessidade de um compromisso matrimonial.

No entanto, havia uma parte sutil e quase imperceptível que ansiava por companhia, por alguém para compartilhar a vida que ia além dos laços familiares. Viver com minha mãe até os 30 anos, cuidando dela e construindo uma casa juntas, foi confortante, mas essa voz interna persistia, sugerindo a possibilidade de uma vida compartilhada com alguém especial.

A construção da casa para minha mãe era uma prioridade, um projeto que refletia meu desejo de cuidar dela. Mesmo focada nesse objetivo, a ideia de ter alguém a meu lado nunca se dissipava completamente. Esse sentimento se tornou mais evidente quando uma viagem planejada para Porto Alegre com amigos acabou sendo cancelada por mim, resultando em um churrasco em São Paulo, onde conheci William. Eu já tinha comprado as passagens — veja você, como quando algo tem que ser, será!

Trocar contatos com William foi um gesto simples e despretensioso, mas significativo, embora naquele momento eu acreditasse que seria apenas um encontro casual. Entretanto, a vida tem

Trilha em Monte Verde – MG.

sua maneira de nos surpreender e desafiar nossas convicções, trazendo novas cores e perspectivas à nossa jornada. A ideia de um relacionamento sério, especialmente com alguém de tão longe, ainda parecia alheia à minha realidade.

Minha relação com ele, inicialmente marcada pela dúvida e hesitação, começou a evoluir à medida que mantínhamos contato por mensagens e videochamadas. Apesar da distância física, essas conversas estreitaram os laços entre nós, superando a barreira geográfica que parecia nos separar.

Compartilhávamos risos, histórias e reflexões profundas sobre a vida e, com o tempo, a conexão se fortaleceu, revelando-se mais do que apenas uma atração física. A resistência que eu sentia sobre o envolvimento profundo em um relacionamento começou a diminuir, dando lugar a uma nova abertura para explorar o que poderíamos construir juntos.

William, com sua paciência e genuinidade, começou a derrubar as barreiras emocionais que eu havia construído ao longo dos anos. Suas palavras sinceras e seu modo compreensivo de ser trouxeram uma nova perspectiva para meu coração, fazendo-me considerar a possibilidade de um futuro ao lado dele. Aos poucos, o que parecia improvável começou a se tornar uma realidade palpável e desejável.

À medida que nos conhecíamos melhor, a certeza de que aquela conexão era especial e única solidificava-se. As videochamadas não eram apenas uma forma de preencher a distância, mas tornaram-se uma ponte que nos ligava, aproximando-nos apesar dos quilômetros que nos separavam. O futuro permanecia incerto, mas a jornada que eu estava trilhando começava a ganhar novos contornos, redefinindo o significado da liberdade que tanto valorizava.

Quando William me pediu em namoro por Skype, a surpresa foi imensa. Aceitei, mas, em meu íntimo, já tinha a certeza de que um namoro a distância era uma realidade difícil de se concretizar.

Contudo, para a minha surpresa, no sábado seguinte, William veio até São Paulo para fazer o pedido pessoalmente. A incredulidade diante da situação me levou a questionar a mim mesma: "Onde foi que amarrei meu bode?". Em uma expressão que misturava surpresa e ironia.

A chegada de William em minha vida, que antes parecia improvável, deu um novo significado ao nosso relacionamento a distância. O pedido de namoro trouxe uma realidade palpável, transcendendo as barreiras das telas e da distância. De repente, me vi diante de uma nova realidade que desafiava todas as minhas expectativas e mudava a narrativa que havia imaginado para mim mesma.

O que começou como uma aceitação hesitante de um namoro a distância, agora se transformava em algo muito mais profundo e significativo do que poderia ter previsto. A surpresa diante desse desenvolvimento inesperado e a compreensão de que a vida, às vezes, nos leva por caminhos imprevisíveis.

A ausência de William em um dia que normalmente nos falávamos por telefone fez com que eu sentisse sua falta. Apesar da minha resistência inicial a um relacionamento sério, queria ouvir sua voz e saber como ele estava. Superando minhas hesitações, tomei a iniciativa de ligar para ele, descobrindo que sua ausência se devia a um período de provas na faculdade.

Essa revelação sutil indicava que minhas emoções estavam evoluindo além das barreiras que havia estabelecido. A rotina que construímos juntos havia criado um vínculo emocional que ia além das conversas diárias. Reconhecendo essa falta, comecei a perceber que talvez houvesse espaço em meu coração para um relacionamento mais profundo com ele.

O futuro permanecia incerto, mas essa nova compreensão abriu a possibilidade de que nossa história poderia se desenvolver além do que inicialmente imaginava. Assim, continuei na jornada mais intrigante do que nunca, aberta às surpresas e novos capítulos que a vida estava me apresentando.

Conforme os dias passavam, uma verdade se firmava em meu coração: estava gostando dele. Já se passavam três meses desde o início de nossas conversas, e o contato diário revelou sentimentos que, até então, não tinha plena consciência.

A distância, que a princípio parecia um obstáculo, transformou-se em uma ponte que nos conectava emocionalmente. O que começou como um namoro a distância sem grandes expectativas estava se tornando algo mais profundo e significativo.

Nossa jornada continuava, levando-me a um território emocional desconhecido, no qual comecei a explorar aspectos do meu coração que até então estavam resguardados. William, que começou como uma figura distante, agora era uma presença marcante na minha vida.

Decidimos viver entre São Paulo e Rio Grande do Sul, alternando viagens a cada 15 dias. Essa rotina, apesar do investimento financeiro, era uma expressão da nossa vontade de estarmos juntos, explorar novos lugares e criar experiências compartilhadas. Essa decisão refletia não apenas o comprometimento com o relacionamento, mas também a nossa paixão por viver plenamente cada momento ao lado um do outro. Repito: a vida tem sua maneira de nos surpreender. E aqui cabe um velho clichê? Cabe – Nunca diga nunca!

Durante aquele ano intenso de viagens constantes, William e eu encontramos maneiras criativas de tornar nossos encontros mais viáveis financeiramente. Aproveitamos as milhas dos cartões de crédito e nos dedicamos a encontrar promoções e descontos, provando nosso compromisso em manter nosso relacionamento vivo, apesar da distância.

Um momento particularmente marcante ocorreu na virada de 2012 para 2013, quando William fez uma viagem surpresa de ôni-

Barra da Lagoa - Florianópolis.

bus de Porto Alegre até Florianópolis para passar o Réveillon comigo. Essa decisão, tomada mesmo com ele tendo que tirar licença do exército, fortaleceu ainda mais nosso vínculo.

Nossas viagens nos permitiram explorar juntos uma variedade de lugares, desde hotéis e *hostels* até cafés e restaurantes locais, apreciando as diferentes culinárias regionais. Essas idas e vindas não apenas enriqueciam nossa relação com novas experiências culturais, mas também reforçavam nosso amor compartilhado por viagens.

Durante as noites em que estávamos separados, mantínhamos a câmera do Skype ativa, criando um sentimento de proximidade e conexão contínua. Esses momentos simples, tornavam-se especiais e confortantes.

Nos fins de semana a distância, William inovava ao cozinhar com a câmera ligada, compartilhando comigo esse momento cotidiano de maneira virtual. Essa rotina, ainda que separados fisicamente, nos aproximava, permitindo que compartilhássemos refeições e momentos de nosso dia a dia.

As experiências, repletas de conversas e risadas, e a intimidade de vermos o cotidiano um do outro pela tela, fortaleciam nosso relacionamento. A tecnologia se tornou uma aliada importante, possibilitando que mantivéssemos uma conexão constante em nossas vidas diárias e nos mostrou nossa capacidade de sermos criativos e encontrarmos formas especiais de estarmos juntos.

Receber uma mensagem de Dona Gabriela, minha futura sogra, marcou um ponto de virada no meu relacionamento com William, sinalizando um avanço para algo mais sério. Ela expressou o desejo de me conhecer e até me convidou para ficar na casa deles em Porto Alegre. Apesar da gentileza do convite, optei por ficar em um hotel, preservando minha independência.

O encontro com Dona Gabriela ocorreu durante um jantar no Mercado das Artes em Porto Alegre. Enfrentei um desafio inesperado: o sotaque dela arrastado para o castelhano dificultava minha compreensão, tornando a conversa um pouco desconfortável. Esse problema de comunicação também se refletia nas conversas telefônicas com William; a linguagem regional às vezes complicava o entendimento.

Com o tempo, William e eu encontramos maneiras de superar essas barreiras linguísticas e culturais, fortalecendo nossos laços familiares. Em um gesto divertido e atencioso, William me enviou uma cartilha chamada "A Cartilha do Gaúcho", que me ajudou a entender as expressões e o sotaque local. Esse gesto representou um esforço mútuo para construir pontes entre nossas diferenças.

Minha relação com Dona Gabriela evoluiu para uma amizade genuína, e passamos a compartilhar momentos especiais juntas, como as escapadas pela 25 de Março em São Paulo. Nessas ocasiões, explorávamos lojas e descobríamos novidades, fortalecendo ainda mais nosso vínculo.

Vale Nevado – Chile.

Além desses momentos, William e eu também compartilhamos viagens inesquecíveis para lugares como Punta del Este, Buenos Aires, Chile e Orlando. Cada viagem era uma oportunidade de crescimento e diversão conjunta, contribuindo para aprofundar ainda mais nosso relacionamento.

A apresentação do meu namorado à minha mãe foi outro marco em nosso relacionamento. Ela o recebeu com calor e simpatia, embora eu pudesse perceber certo ciúme em seu olhar. Essa preocupação materna, temendo que eu pudesse deixá-la para trás, era natural e compreensível. Sempre tive uma relação próxima com minha mãe, e essa nova etapa trazia consigo um misto de emoções para ambas.

Nosso encontro foi agradável, cheio de risadas e histórias, mas também marcado por uma brincadeira emocional entre mãe e filha. Era um jogo de "vou embora" e "não vou deixar", repleto de amor e saudosismo.

COMPANHEIRISMO E INDEPENDÊNCIA

Após alguns meses de namoro, meu relacionamento com William deu um novo passo. Ele me surpreendeu com uma aliança de compromisso, simbolizando nosso amor e a intenção de construirmos um futuro juntos. Esse gesto fortaleceu ainda mais nosso vínculo.

Quando completamos um ano de namoro, celebramos nosso noivado em um jantar especial em Porto Alegre. O restaurante escolhido na Padre Chagas ofereceu o ambiente perfeito para reunirmos nossas famílias e compartilharmos nossa alegria.

William tomou uma decisão importante ao pedir dispensa do Exército Brasileiro, marcando o início de um novo capítulo em nossas vidas. Ele era terceiro sargento, um gaúcho raiz, com uma carreira pela frente. Até tentou uma transferência, mas, após não conseguir, e como ele queria muito se casar comigo – afinal, sou uma pessoa muito legal, modéstia à parte –, ele se desligou do Exército e encarou essa mudança radical.

◂ William no Exército.

Alugamos um apartamento em São Paulo, próximo à Avenida Paulista, onde começamos a nossa convivência. Esse período de oito meses sob o mesmo teto foi uma fase de aprendizado e fortalecimento da nossa relação, preparando-nos para os desafios e alegrias do casamento.

A decisão de nos casarmos amadureceu durante nossa convivência; eu, inicialmente, imaginava algo simples e íntimo. No entanto, ao discutir nossos planos com nossas mães, fomos surpreendidos por suas expectativas de um casamento tradicional, completo com véu e grinalda. Para elas, especialmente sendo William filho único e eu, a última filha a casar, um casamento tradicional era um sonho a ser realizado.

Assim, a ideia de uma cerimônia simples foi substituída por um evento mais elaborado, em respeito às tradições e desejos de nossas famílias. O planejamento do casamento se transformou em um equilíbrio entre nossos anseios pessoais e as expectativas familiares, um exercício de compreensão e negociação.

O noivado, oficializado em um restaurante na Padre Chagas, foi uma noite emocionante, marcada pela presença de nossas famílias e uma atmosfera de amor e união. Um momento especial, repleto de risadas e conversas animadas, selou nosso compromisso e marcou o início de uma nova etapa em nossa vida juntos.

Aquele restaurante se tornou o cenário de uma lembrança inesquecível, no qual o amor e a união familiar foram celebrados. Cada detalhe daquela noite foi eternizado em nossos corações, tornando-se uma parte preciosa da história que estávamos construindo juntos.

Nossa jornada de noivado, marcada por promessas de amor e comprometimento, abriu caminho para mais aventuras e desafios compartilhados.

Um momento particularmente tocante foi quando William colocou a aliança de noivado no meu dedo. Ao perceber que a aliança estava no dedo "errado", brinquei sobre isso. Sua resposta foi tão significativa quanto o ato: olhando em meus olhos, ele disse, "Não está errado. Não quero apenas noivar, quero me casar contigo". Esse gesto e suas palavras simbolizaram a profundidade do nosso compromisso e o amor que compartilhávamos, fortalecendo nosso desejo de construir uma vida juntos.

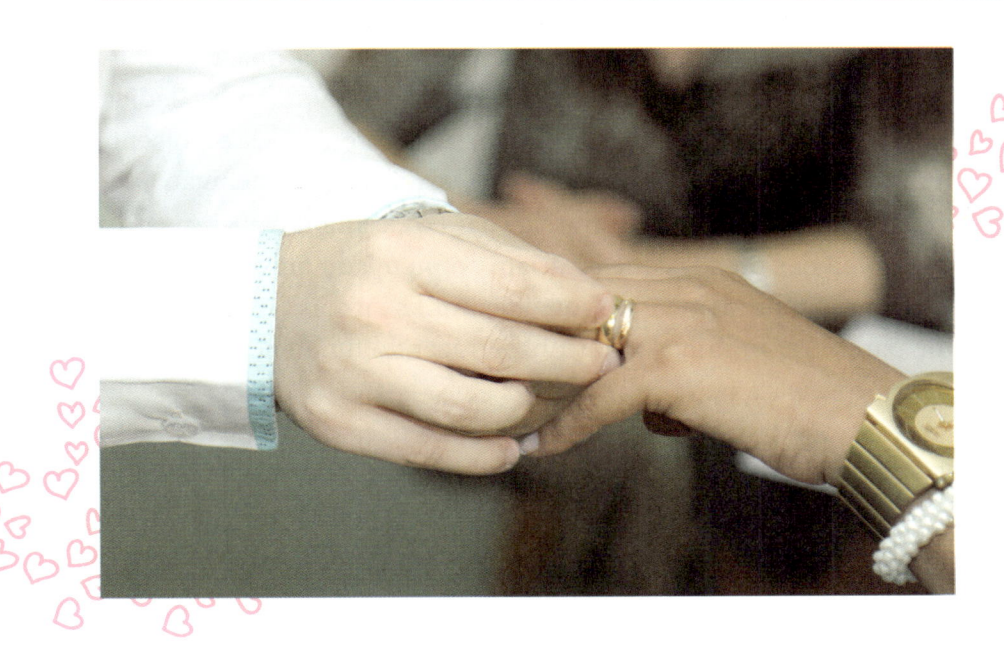

Essa revelação do anel de noivado iluminou nosso caminho a dois com uma luz clara e sincera. Sua simplicidade e autenticidade reforçaram a seriedade do nosso compromisso.

Veio então a ideia de casarmos em um hotel, sugerida pela minha sogra, o que nos levou a escolher o Intercontinental Hotel em São Paulo, um lugar ideal para a cerimônia.

O hotel ofereceu um ambiente elegante e sofisticado, combinando perfeitamente com o que sonhávamos para o grande dia. A preocupação de William em trazer sua família para São Paulo refletia a importância da união familiar em nossa celebração.

Organizar o casamento se tornou uma tarefa árdua, mas gratificante. Enquanto eu cuidava dos preparativos, William se dedicava a garantir que sua família de Porto Alegre estivesse presente, uma preocupação que mostrava seu carinho e consideração.

Enquanto isso, os preparativos para o casamento avançavam, e a escolha das pessoas que estariam ao meu lado nesse dia tão importante foi fundamental. Convidei minhas irmãs Silvani e Elidiane para serem minhas madrinhas, trazendo uma energia familiar e amorosa para o evento.

Silvani, em particular, se tornou uma peça-chave na organização do casamento. Seu apoio incondicional e atenção aos detalhes foram cruciais para o sucesso do evento. Ela esteve ao meu lado em cada escolha, desde o vestido até a decoração, garantindo que tudo fosse perfeito.

Elidiane, com seu entusiasmo contagiante, trouxe uma energia positiva e alegre para os preparativos. Sua participação reforçou a importância de celebrar esses momentos com as pessoas mais queridas.

A escolha das madrinhas fortaleceu não apenas os laços familiares, mas também enriqueceu a experiência do casamento. Sua presença ao meu lado trouxe união e cumplicidade, tornando a jornada para o altar ainda mais especial.

O planejamento do casamento no Intercontinental Hotel evoluiu de um sonho para uma realidade palpável. Cada detalhe, cada decisão, era um passo rumo ao dia em que celebraríamos nosso amor.

Quando chegou o momento de escolher o vestido de noiva, senti a magnitude desse símbolo de amor e compromisso. O vestido, mais do que um simples traje, representava a transição de um sonho para a realidade. Sua cor branca e cada detalhe de renda falavam do amor e da esperança que aquele dia simbolizava.

Experimentar o vestido foi um momento de revelação e transformação. Ele simbolizava a mudança na minha vida e na minha percepção sobre o casamento. Agora, eu abraçava com entusiasmo e gratidão essa nova fase, ansiosa por caminhar até o altar e unir minha vida à de William.

O vestido de noiva, com seu véu suave e saia fluida, tornou-se uma expressão tangível do amor que celebraríamos. Ele contava a história de uma mulher que, contra todas as expectativas, encontrou o amor verdadeiro e estava pronta para começar uma nova jornada ao lado de seu companheiro.

A escolha do meu vestido de noiva, uma decisão que geralmente é longa e ponderada, ocorreu de forma surpreendentemente rápida e assertiva. Na segunda loja que visitei, encontrei o vestido perfeito: um deslumbrante vestido complementado por um véu rendado de quatro metros de comprimento. A conexão foi imediata e profunda, como se o vestido tivesse sido feito para mim.

O processo de escolha, embora breve, ressoou profundamente comigo. O vestido refletia minha personalidade e os sonhos que nutria para o futuro. A delicadeza do véu rendado adicionava um charme etéreo, tornando-se parte da narrativa do meu grande dia. Conforme a data do casamento se aproximava, cada detalhe era cuidadosamente planejado, tornando o hotel um cenário ideal para nossa história. 2014 foi um ano significativo, marcando a concretização desse sonho no coração de São Paulo.

O dia do casamento, 07/11/2014, amanheceu com uma atmosfera especial. A manhã foi dedicada à cerimônia civil, uma celebração simples e cheia de significado. A tarde foi reservada para a preparação no salão de cabeleireiro, onde, acompanhada de meu amigo e cabeleireiro Anderson Tomazini e da minha irmã Silvani, compartilhei momentos de descontração e alegria.

Diferente de muitas noivas, que sentem nervosismo nesse dia tão importante, eu estava envolta em sorrisos e empolgação. Era um reflexo do amor e da felicidade que sentia, permeando cada momento da preparação.

Casamento no Civil – São Paulo.

O casamento foi planejado para ser um evento íntimo, com apenas 50 convidados. Esse número restrito garantiu que apenas as pessoas mais próximas e queridas estivessem presentes, tornando a celebração mais significativa e pessoal. Cada convidado tinha seu papel especial nessa celebração do amor, contribuindo para um ambiente acolhedor e cheio de carinho.

Esse dia representou o início de um novo capítulo na minha vida, um momento em que todos os detalhes, desde o vestido até os convidados, refletiam a essência do amor e do compromisso que eu e William compartilhávamos. Era o começo de uma jornada a dois, marcada por sonhos realizados e a alegria de compartilhar a vida com quem amamos.

Naquele dia, enquanto compartilhava meu coração com Deus, pedi por alguém especial. Alguém que pudesse me acompanhar na jornada da vida, que compartilhasse meus sonhos e que, juntos, pudéssemos construir uma história de amor e companheirismo. E ali, em frente ao altar, ao lado de meu esposo, sabia que minha oração havia sido atendida.

Quando o grande dia chegou, minha irmã Sandra, compreendendo a magnitude do momento, me aconselhou a não chorar para não borrar a maquiagem. Eu concordei, afinal, era um dia de celebração e felicidade. Contudo, ao caminhar em direção ao altar, me deparei com minha velha amiga Camila, que se derramava em lágrimas de alegria. Uma amizade que havia resistido às tempestades da vida, compartilhando dificuldades e perrengues nos tempos de trabalho na mesma empresa. No olhar dela, encontrei uma expressão de emoção genuína.

Enquanto tentava me segurar, uma onda de sentimentos transbordou e as lágrimas escaparam. Era um choro não de tristeza, mas de uma alegria intensa. No instante em que as lágrimas caíam, Camila, minha confidente de longa data, revelou ter acompanhado cada desafio, cada momento difícil que eu havia enfrentado. Ela, que compartilhou tantas experiências comigo, agora testemunhava a realização desse capítulo importante na minha vida.

Naquele instante, um *flashback* dos momentos difíceis percorreu a mente e o choro que, inicialmente parecia ser de emoção contida, transformou-se em uma expressão de alegria e superação. Dentro dela, em minha amiga Camila, ecoava o pensamento: "Ela conseguiu". As lágrimas que caíam eram como gotas de felicidade, um testemunho de que, apesar das adversidades, chegamos ao momento que merecíamos. A presença da minha amiga, com quem compartilhei tantas lágrimas, agora era uma bênção que tornava o dia ainda mais especial. Foi ela quem me revelou, com um brilho nos olhos, todas as superações que vivemos juntas, e naquele momento, o choro se tornou uma celebração da nossa amizade e das vitórias conquistadas ao longo do tempo.

A emocionante hora do "sim" chegou, e o pastor conduziu a cerimônia com uma aura solene e significativa. Quando chegou o momento de trocarmos nossos votos, meu esposo surpreendeu a todos com um discurso sincero e apaixonado.

Ao dizer "sim", ele compartilhou as intenções de maneira que tocou os corações presentes. Ele expressou que havia me escolhido para viver o resto da vida ao seu lado, imaginando juntos viagens pelo mundo até o envelhecimento. Suas palavras foram como promessas feitas com o coração cheio de sonhos compartilhados, criando um instante que ressoou profundamente na cerimônia.

Em resposta, quando chegou minha vez de dizer "sim", também discursei retribuindo as palavras carregadas de amor do meu esposo. Com o coração transbordando de emoção, compartilhei que ele era a resposta às minhas preces mais íntimas. Abri um parêntese, lembrando-me de um dia em que, morando ainda com minha mãe, confidenciei a Deus um desejo profundo, um segredo entre nós. Eu agradeci por todas as bênçãos que Ele já havia concedido, mas reconheci que algo ainda faltava: alguém para compartilhar a vida.

Naquele momento, percebi que o Senhor havia ouvido minhas orações mais secretas. Meu casamento não era apenas a união de

COMPANHEIRISMO E INDEPENDÊNCIA

duas pessoas, mas a resposta divina à minha busca por uma companhia para toda a vida. Essa constatação tornou o momento do "sim" ainda mais sagrado, transformando a troca de votos em uma expressão tangível da providência divina que guiou nossos caminhos até ali.

Eu olhei para William, com lágrimas de felicidade nos olhos, e disse "sim". Compartilhei com todos os presentes que ele era a manifestação do amor de Deus na minha vida. Um presente divino que chegou no momento certo, transformando minha existência de maneira que nunca poderia imaginar.

Nosso "sim" foi mais do que um mero consentimento, foi uma declaração de amor, uma promessa de partilhar a vida, de construir juntos um futuro repleto de alegrias, desafios e descobertas. Foi um reconhecimento de que, apesar de todos os obstáculos e dificuldades, o amor verdadeiro tinha encontrado um caminho em nossas vidas.

A cerimônia do casamento foi um mosaico de momentos emocionantes, cada um contribuindo para a construção de uma memória inesquecível. Desde a entrada triunfal com minha mãe até a troca de votos com William, cada detalhe se entrelaçava para criar uma celebração do amor genuíno e da fé que nos guiou até aquele dia.

Ao final da cerimônia, enquanto recebíamos os cumprimentos e abraços calorosos de nossos familiares e amigos, eu sentia uma profunda gratidão. Grata por cada pessoa que faz parte da nossa história, por cada momento que nos trouxe até ali e, acima de tudo, grata por ter ao meu lado uma pessoa que compartilhava dos mesmos sonhos e desejos.

Nosso casamento não foi apenas a celebração de uma união, foi o início de uma nova jornada, um caminho que percorreríamos juntos, de mãos dadas, com corações cheios de amor, esperança e fé. Era o começo de uma vida a dois, na qual cada dia seria uma oportunidade de crescer, aprender e amar ainda mais.

Também foi uma celebração verdadeiramente linda e bem organizada. Cada detalhe, desde a escolha do vestido até a cerimônia íntima com as pessoas mais próximas, foi pensado com carinho. A atmosfera de alegria, amor e união era palpável, criando memórias que permanecerão eternamente gravadas em meu coração.

Os convidados, até hoje, continuam a expressar o quão especial foi aquele dia. A emoção compartilhada, os sorrisos radiantes, a música que embalou a festa e a energia positiva deixaram uma marca duradoura na memória de todos. A escolha de manter uma lista restrita de 50 pessoas revelou-se acertada, permitindo que cada convidado desfrutasse de maneira mais íntima e pessoal desse momento único.

É gratificante saber que a beleza e a significância do nosso casamento perduram nas lembranças de todos. Os pedidos de "bis" são como um eco do sucesso daquela celebração, reafirmando que a simplicidade, quando enriquecida pelo amor e atenção aos detalhes, resulta em momentos verdadeiramente inesquecíveis.

No dia do meu casamento, meu amigo Anderson Tomazini desempenhou um papel inesquecível. Além de realçar minha beleza, ele surpreendeu a todos com sua criatividade e espontaneidade. Durante a celebração, Anderson, com uma manobra astuta e divertida, retirou um pincel e um *blush* de sua meia enquanto dançávamos.

Os convidados, surpreendidos e encantados com a sagacidade dele, reagiram com assobios e aplausos. Foi um daqueles momentos espontâneos que transformam uma celebração em algo verdadeiramente memorável. O toque final, literalmente retirado da meia do sapato, para um retoque de maquiagem enquanto dançávamos, adicionou uma dose de humor e originalidade ao evento.

Esse momento, inesperado e cheio de espontaneidade, tornou-se um dos pontos altos do casamento, demonstrando a habilidade única de Anderson em criar experiências memoráveis e alegres, além de sua técnica impecável. Seu gesto não só realçou a beleza do momento, mas também destacou sua personalidade vibrante, contribuindo para tornar a celebração ainda mais especial e inesquecível.

A nossa lua de mel foi uma experiência extraordinária, repleta de momentos memoráveis. Iniciamos essa jornada especial na suíte presidencial do Hotel Intercontinental, um gesto gentil do hotel que enriqueceu nossa celebração. Lá, nos deleitamos com o luxo e o encanto da suíte, imergindo na felicidade do nosso recente matrimônio.

Avenida Paulista.

Em seguida, partimos para Ilhabela, onde a beleza natural e a tranquilidade do local proporcionaram o cenário ideal para continuarmos a celebrar nosso amor. Esses dias foram marcados por serenidade e momentos românticos sob o sol brilhante e as águas cristalinas.

A aventura ganhou um novo capítulo quando voamos para Orlando, Estados Unidos, onde realizamos um sonho de infância: visitar a Disney. Essa parte da lua de mel foi repleta de diversão, encanto e alegria, enquanto explorávamos o universo mágico da Disney, repleto de personagens amados e atrações emocionantes.

Cada etapa da nossa lua de mel, desde o luxo no Intercontinental até os momentos mágicos na Disney, foi um tempo de celebração, amor e alegria. Esses dias inesquecíveis fortaleceram nosso vínculo e deixaram memórias preciosas que serão sempre um tesouro em nosso coração.

◀ Lua de mel na Disney.

Hoje, reafirmo que me casaria de novo, e de novo, e sempre...

Ao relembrar os nossos "sins", ouço uma melodia eterna que me faz querer dizer "sim" repetidas vezes, como se cada novo "sim" trouxesse a mesma emoção do início à nossa jornada.

Meu sentimento por meu esposo vai além das palavras, revelando-se em cada gesto, olhar e respiração. É uma emoção em meu peito que aquece minha alma e ilumina meus dias com sua presença.

Admiro-o por ser a pessoa maravilhosa que é, com todas as suas virtudes e imperfeições. Valorizo sua bondade, generosidade, compaixão e força. Sua determinação, coragem e habilidade em enfrentar os desafios da vida com um sorriso são admiráveis.

Ele me faz sentir amada, valorizada e cuidada. Seu carinho constante envolve-me como um abraço caloroso, proporcionando paz e conforto ao meu coração.

Ele me inspira a ser uma pessoa melhor a cada dia. Seu exemplo de dedicação, humildade e perseverança motiva-me a buscar sempre meu melhor. Mesmo nos momentos mais difíceis, ele acredita em meu potencial e me encoraja a não desistir. Sua confiança e apoio são meu combustível para alcançar meus sonhos e superar meus limites.

◀ Paris – França.

CAPÍTULO 12
A RENÚNCIA CONSCIENTE

A decisão de ter ou não filhos é um dos momentos mais significativos e, por vezes, complexos na vida de um casal. Tal escolha carrega implicações profundas e pessoais, afetando não apenas a dinâmica atual da relação, mas também o futuro de maneiras imprevisíveis. Para muitos, a ideia de trazer uma nova vida ao mundo está entrelaçada com sonhos de maternidade ou paternidade, enquanto para outros, a realização pessoal e conjugal encontra-se em outros aspectos da vida.

São muitas as reflexões, conversas e decisões que cercam esse tema tão essencial na vida de um casal. Existe a maneira tradicional de ser abordado o tema, mas existem diferentes perspectivas, expectativas, os medos e as alegrias que acompanham a jornada de decidir sobre a paternidade e a maternidade. A história de cada casal é única, e a decisão sobre ter filhos é frequentemente um reflexo de suas experiências, valores e aspirações individuais. Uma história de introspecção, amor, compreensão e, acima de tudo, de escolher o caminho que melhor se alinha com os desejos e sonhos de cada casal.

A decisão de não ter filhos foi uma escolha consciente que meu esposo e eu fizemos, permitindo-nos dedicar nossa energia e recursos à realização de nossos sonhos de viajar. Essa escolha trouxe uma liberdade que nos permitiu explorar diversos países e culturas ao longo dos anos.

Na parte do filho, a vida me presenteou com uma conexão extraordinária que transcende os laços sanguíneos. Meu querido sobrinho David, que desde seus cinco meses entrou na minha vida, tornou-se uma fonte inestimável de alegria e amor. Embora a relação seja oficialmente de tia e sobrinho, nossos corações estabeleceram um vínculo tão forte que eu o adotei carinhosamente como meu querido filho.

Ao longo dos anos, a nossa amizade floresceu de maneira linda. Ele compartilhou comigo não apenas os primeiros passos e palavras, mas também a jornada de crescimento, amadurecimento e conquistas. Juntos, enfrentamos desafios e celebramos triunfos, construindo uma conexão que vai muito além dos laços familiares tradicionais.

A dinâmica especial que temos transcende os limites do parentesco, e isso se reflete na frequência com que nos comunicamos, mesmo quando a distância física nos separa. Ele não apenas faz parte da minha família, é uma parte fundamental da minha vida diária. Nossas conversas são repletas de risos, conselhos e um apoio mútuo que só fortalece nossa relação.

Ao longo do tempo, percebi que não é necessário ter filhos biológicos para experimentar a riqueza e a plenitude que uma relação paternal pode oferecer. A jornada com meu sobrinho, que escolhi chamar de meu filho, é uma prova viva de que o amor pode transcender todas as barreiras, moldando uma família diversificada e extraordinária.

Assim, nossa amizade continua a florescer, reforçando a crença de que a verdadeira essência da parentalidade está na construção

David: mais filho do que sobrinho.

de relações profundas e significativas, independentemente dos laços de sangue.

Dentre os destinos que tivemos a felicidade de conhecer, realizamos meu sonho de visitar a cidade sagrada de Jerusalém, em Israel. Essa experiência foi verdadeiramente transformadora, mergulhando-nos em uma rica história de fé que ultrapassaram as fronteiras do tempo.

Em uma viagem que durou um mês, também exploramos Londres e Paris, aproveitando cada momento nos encantadores recantos dessas cidades icônicas. Em outra ocasião, desbravamos Nova York, Chile, Uruguai, Buenos Aires e Miami, ampliando ainda mais nosso repertório de experiências.

Cada país visitado tornou-se uma página única em nosso livro de memórias. Cada destino, mesmo os que surgiram de conexões inesperadas, trouxe consigo uma história única e uma bagagem cultural enriquecedora.

Nossa decisão consciente de não ter filhos continuou a moldar nossas experiências, permitindo-nos uma liberdade de movimento que nos conduziu a destinos diversos. Em cada nova viagem, mergulhamos na culinária local, exploramos recantos pitorescos e nos envolvemos com as tradições e costumes únicos de cada lugar.

 Essas aventuras internacionais, somadas às nossas viagens nacionais, são os pilares que sustentam nossa jornada. Cada memória, cada descoberta e cada momento compartilhado se tornam tijolos que constroem uma vida repleta de amor, cumplicidade e alegrias. Enquanto continuamos a explorar o vasto e diversificado panorama que o mundo nos oferece, sabemos que nossa história está sendo construída passo a passo, pelas trilhas e estradas que escolhemos juntos.

Maragogi - Maceió.

Ah, a vida é engraçada, não é mesmo? Às vezes, quando olho para trás e me recordo da minha infância, vejo como as coisas mudaram. Eu cresci em uma época em que a pobreza era uma companhia constante, e os sonhos pareciam tão distantes quanto as estrelas no céu.

Lembro-me de um daqueles sonhos de criança que pareciam impossíveis naquele momento: conhecer a Disney. Era algo tão mágico, tão distante da minha realidade na época. Eu não tinha ideia de como isso poderia se tornar realidade.

Mas a vida gosta de nos surpreender, não é? E ela tem um senso de humor peculiar. Porque, veja só, eu não fui à Disney naquela época, mas a Disney decidiu fazer uma visita até mim. Sim, você leu certo! Mickey Mouse, o ratinho mais famoso do mundo, decidiu fazer uma visita surpresa. Não exatamente do jeito que eu tinha imaginado, é verdade. Ele decidiu acampar em meu cabelo enquanto eu dormia. Pode acreditar?

Agora, aqui estou eu, pronta para retribuir a visita. E não será a primeira vez, nem a segunda, mas a quarta vez que vou à Disney. É incrível como a vida pode mudar e nos levar a lugares que nunca imaginamos. A Disney, com toda a sua magia, se tornou uma parte da minha história.

Então, da próxima vez que olhar para os sonhos que parecem inalcançáveis, lembre-se de que a vida pode ter algumas surpresas guardadas para você. Quem diria que o Mickey Mouse um dia decidiria fazer parte da minha história? E agora, estou ansiosa para retribuir a visita e criar memórias mágicas na terra onde os sonhos se tornam realidade. Disney, aí vou eu, pela quarta vez!

Nossa caminhada continua repleta de sonhos a realizar. Meu esposo, um empresário visionário na área de tecnologia da informação, traz consigo um espírito empreendedor que inspira a cada passo. Juntos, alcançamos marcos significativos, como a aquisição do nosso apartamento e carro. No entanto, a ambição por explorar o mundo ainda persiste, e quem sabe a volta ao mundo se torne uma próxima e emocionante meta.

Meu esposo, um ser humano extraordinário, continua sendo meu companheiro, meu amigo e confidente, aquele que cuida de mim com carinho e paciência. Nossa dinâmica é uma dança equilibrada: ele é a calmaria, eu sou a agitação. A sintonia entre nós é tão profunda que frequentemente acabamos pensando nas mesmas coisas, como se nossas mentes estivessem interligadas. Essa conexão especial cria uma sinergia única que permeia cada aspecto de nossa vida.

Hoje, ele é um empresário bem-sucedido na área de TI, e temos nossos empreendimentos independentes. Apesar dele sempre me ajudar quando necessário, tocamos as empresas sem muita ingerência um no negócio do outro.

A vida ao lado dele é repleta de pequenos gestos de carinho que tornam cada dia especial. Um deles é a culinária deliciosa que prepara com tanto amor. Em nossos dias agitados, sentar para desfrutar de uma refeição feita por ele é um momento de alegria e tranquilidade. Essas refeições não são apenas sobre comida, mas sobre a partilha e a cumplicidade que construímos ao longo dos anos.

Apesar dos desafios naturais da vida a dois, nossa fé em Deus é o alicerce que nos sustenta. Enfrentamos obstáculos sim, mas a confiança que depositamos em Deus nos dá a força para superar cada um deles. Essa fé fortalece nosso vínculo e nos impulsiona a enfrentar cada desafio com amor, paciência e resiliência.

Nossa vida é abençoada e pacífica, marcada pela gratidão, pelas experiências compartilhadas e pelo amor que cresce dia após dia. Sabemos que a jornada que estamos construindo juntos ainda tem muitas aventuras, risos e momentos que nos unirão ainda mais. Estamos ansiosos para desbravar o que está por vir, de mãos dadas, fortalecidos pelo amor e confiança mútuos.

Além disso, há um toque especial no nosso relacionamento, um gesto carinhoso do meu marido que ilumina cada um dos meus dias. Ele tem o hábito adorável de me chamar de "Margarida". A cada manhã, ele me cumprimenta com um "Bom dia, Margarida", enchendo meu coração de alegria.

Esse cumprimento simples, mas cheio de significado, tornou-se um ritual diário que simboliza o amor e a ternura entre nós. É mais que uma saudação, é uma expressão do amor profundo e do carinho que ele tem por mim.

Esses pequenos gestos de afeto e as palavras gentis são o que fazem nosso relacionamento tão especial e único. Eles são lembretes constantes do amor e do respeito que temos um pelo outro, trazendo cor e alegria para a nossa vida a cada "Bom dia, Margarida".

CAPÍTULO 13
ORQUESTRANDO O SUCESSO

Gerir um negócio exige mais do que apenas paixão e dedicação. Ao longo da minha jornada como empreendedora, aprendi que a gestão eficaz do tempo e das pessoas é fundamental para o sucesso.

As empresas que construí seguindo algumas diretrizes conquistaram diversos prêmios ao longo dos anos, destacando-se no cenário internacional e nacional.

A AlphaÔmega, por exemplo, em 2017 e 2018, em São Paulo, foi homenageada como a melhor empresa de tradução, destacando-se novamente por excelência no atendimento e qualidade, bem como pela reputação empresarial. Em 2019, em Nova York, foi premiada pela excelência e qualidade internacional. Em São Paulo, no ano de 2020, recebeu o prêmio por excelência em serviço e inovação constante. E em 2021, foi reconhecida em Paris por sua excelência no atendimento e reputação empresarial.

Como CEO da AlphaÔmega Traduções e da Bio Beachwear, fui reconhecida com o prestigioso prêmio The Winner Awards

2022, em Paris. Este prêmio é uma homenagem aos profissionais e empresas que se destacam em suas áreas de atuação no mercado brasileiro e internacional. A cerimônia de premiação representou um reconhecimento significativo do trabalho e da dedicação ao longo de minha carreira.

São Paulo 2020: Prêmio Excelência em Serviço, inovação constante.

ORQUESTRANDO O SUCESSO 127

São Paulo 2017: Prêmio Melhor empresa de Tradução, excelência no atendimento, qualidade e boa reputação empresarial.

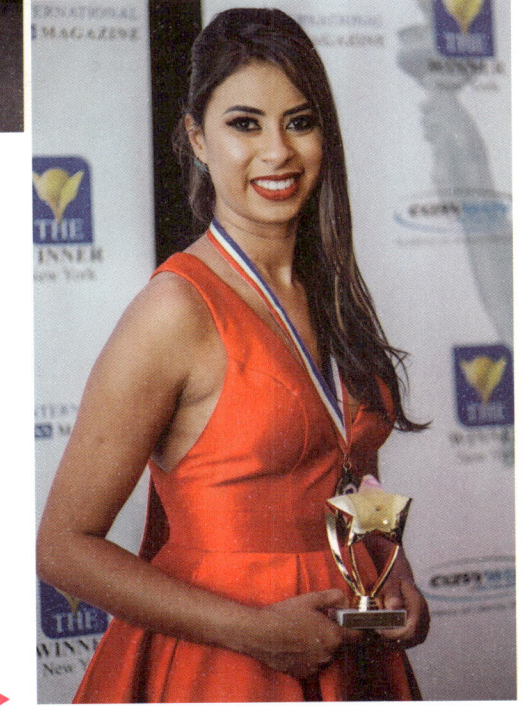

New York 2019: Prêmio Internacional de Excelência e Qualidade.

Paris 2021: Prêmio Internacional de Excelência no Atendimento, Reputação Empresarial.

Neste capítulo, compartilho lições valiosas que adquiri ao liderar múltiplos negócios, com foco no empreendedorismo feminino e nas particularidades da minha trajetória.

1. A arte da gestão do tempo:
– **Priorização é chave:** aprender a priorizar tarefas foi essencial. Com múltiplos negócios, não podia me dar ao luxo de perder

tempo em atividades que não agregassem valor real. Identificar e focar nas ações que realmente importam foi crucial;

– **Planejamento e organização:** organizar meu dia de forma estratégica, com horários bem definidos para cada tarefa, permitiu que eu maximizasse minha produtividade sem sacrificar a qualidade.

2. Delegar para crescer:
– **A importância de delegar:** aprendi rapidamente que não posso fazer tudo sozinha. Delegar tarefas para minha equipe permitiu que me concentrasse nas áreas onde eu poderia fazer a maior diferença;

– **Contratação estratégica:** investir em uma equipe talentosa e confiável foi um dos melhores movimentos que fiz. Contratar pessoas que compartilham da visão da empresa e têm habilidades complementares às minhas foi essencial.

3. Lidar com a pressão:
– **Resiliência é fundamental:** o mundo dos negócios é cheio de altos e baixos. Desenvolver resiliência e aprender a lidar com a pressão foram habilidades essenciais que me ajudaram a superar os desafios;

– **Tempo para si mesma:** encontrar tempo para relaxar e se desligar do trabalho foi vital para manter minha saúde mental e evitar o esgotamento.

4. Parcerias estratégicas:
– **Escolha parceiros certos:** as parcerias certas podem abrir portas e criar oportunidades. Aprendi a escolher parceiros que complementam e ampliam as capacidades dos meus negócios;

— **Estabeleça relações de longo prazo:** investir em relações de longo prazo com clientes e fornecedores criou um ambiente de confiança e colaboração mútua.

5. Empreendedorismo feminino:
— Desafios e oportunidades: como mulher no mundo dos negócios, enfrentei desafios únicos. Mas, ao mesmo tempo, usei minha perspectiva feminina como uma força, trazendo abordagens inovadoras e empatia para os meus negócios.

6. Aprendizado contínuo:
— **Nunca pare de aprender:** o mundo dos negócios está sempre mudando, e manter-se atualizada sobre as tendências e novas práticas de gestão foi fundamental para meu crescimento contínuo.

7. Equilíbrio vida/trabalho:
— Manter o equilíbrio: encontrar um equilíbrio saudável entre trabalho e vida pessoal foi desafiador, mas crucial para meu bem-estar e sucesso sustentável.

8. Flexibilidade e adaptação:
— **Adapte-se às mudanças:** o mercado está em constante evolução, e a capacidade de se adaptar rapidamente às novas tendências e mudanças é crucial. Aprendi a ser flexível, ajustando estratégias, conforme necessário, para manter os negócios relevantes e competitivos;

— **Esteja aberta(o) a novas ideias:** encorajei minha equipe a trazer novas ideias e perspectivas. Essa abertura a inovações permitiu que nossos negócios se mantivessem dinâmicos e à frente dos concorrentes.

9. Sustentabilidade e responsabilidade social:
– **Negócios sustentáveis:** implementar práticas sustentáveis não é apenas bom para o planeta, mas também é benéfico para o negócio. Focar na sustentabilidade ajudou a fortalecer a imagem da marca e a atrair clientes conscientes;

– **Engajamento comunitário:** envolver-se em iniciativas de responsabilidade social fortaleceu a conexão com a comunidade e reforçou os valores da empresa, gerando um impacto positivo além dos limites do negócio.

10. Ter fé:
– **A força da fé:** a fé foi o alicerce da minha jornada. Em momentos de incerteza e desafio, foi a fé que me proporcionou força e direção. Manter uma forte crença espiritual foi essencial para superar obstáculos e manter o foco nos meus objetivos;

– **Fé e empreendedorismo:** no próximo capítulo, aprofundarei como a fé desempenhou um papel fundamental na minha trajetória, orientando decisões e iluminando o caminho nos momentos mais difíceis. A fé não é apenas uma crença, é uma bússola que guia, conforta e inspira.

Esses temas refletem as lições mais valiosas que aprendi no mundo dos negócios. Eles mostram que ser empreendedor vai muito além de gerenciar uma empresa, é sobre gerenciar a vida com sabedoria, responsabilidade e, acima de tudo, fé.

Acredito também que precisamos ser bons, mas não bobos. E uma passagem em especial serviu para ilustrar bem esta lição. Minha história é um exemplo de generosidade e confiança nas pessoas, o que às vezes pode me levar a situações desagradáveis. Após uma entrevista que viralizou, falando sobre as Máscaras da Su, conheci alguém que morava fora do país, por meio das redes sociais e, inicialmente, ajudei essa pessoa de várias maneiras, desde reservar hotéis até comprar produtos aqui no Brasil e enviar para ela. Eu acreditava sinceramente na amizade e na sinceridade dessa pessoa.

No entanto, ao longo do tempo, tornou-se evidente que essa pessoa estava se aproveitando de minha generosidade. Gastei uma quantia significativa de dinheiro, mais de R$25.000,00, depositando em várias contas para que ela comprasse produtos que eu queria e eram vendidos no país dela, e nunca recebi as encomendas que comprei. Eventualmente, quando viajei para o país onde essa pessoa morava, descobri que havia sido enganada e que as compras haviam desaparecido, segundo ela, devido a ladrões que invadiram a casa dela e levaram tudo.

Confrontei a pessoa, que relutou em pagar o dinheiro devido, mas não tudo. Depois ela acabou pagando o restante. Mesmo assim, nossa amizade se deteriorou, e percebi que tinha sido vítima de um golpe de confiança. Mais tarde, quando a pessoa pediu dinheiro emprestado novamente, recusei, aprendendo a lição de não emprestar meu dinheiro ou cartão de crédito facilmente.

Minha história destaca a importância de manter certo grau de cautela e não ser excessivamente confiante em estranhos, mesmo quando a amizade parece genuína. É um lembrete de que nem todos são honestos em suas intenções, e é crucial proteger meus interesses.

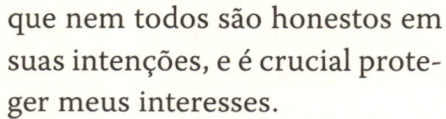

Tais lições não são apenas sobre gerir um negócio, são sobre liderar uma vida empreendedora equilibrada e gratificante. A chave para o sucesso no empreendedorismo, especialmente para as mulheres, reside na habilidade de gerenciar eficientemente tanto o tempo quanto as pessoas, ao mesmo tempo em que se mantém fiel aos próprios valores e visão.

CAPÍTULO 14
O CLIENTE NO CENTRO DAS DECISÕES

Desde cedo, descobri uma lição valiosa: empreender gera renda. Pode parecer, e é óbvio. Mas muitas pessoas não enxergam assim. Empreender não é apenas criar um negócio, é usar seus talentos e conhecimentos para gerar mudanças em sua condição financeira e na vida daqueles ao seu redor.

É compreender que o pouco que se sabe pode ser muito para quem não sabe nada, e que o serviço que você oferece tem um valor inestimável para quem precisa.

Incentivo a todos a abraçarem o espírito empreendedor e a reconhecerem o potencial que possuem para fazer a diferença. Cada habilidade, por menor que pareça, pode ser transformada em uma oportunidade de negócio. Seja criativo, ousado e persistente em suas empreitadas, pois é pela excelência e pelo compromisso com a qualidade que se constrói uma base sólida para o sucesso.

Ao empreender, coloque sempre o cliente no centro de todas as suas decisões. Ouça as necessidades, antecipe expectativas e busque constantemente maneiras de agregar valor ao produto ou serviço. Lembre-se de que cada interação com o cliente é uma oportunidade de construir relacionamentos sólidos e duradouros, essenciais para o crescimento e a sustentabilidade do seu negócio.

Assim, ao utilizar seus talentos e conhecimentos para empreender, você não apenas gera renda para si mesmo, mas também contribui para o bem-estar e o progresso da sociedade como um todo. Abraçar essa jornada com entusiasmo, determinação e empenho é o caminho para transformar sonhos em realidade e alcançar o sucesso que tanto almejamos.

Como percebeu, não foi só de altos e bons momentos que construí meus empreendimentos. O caminho do empreendedorismo é desafiador, não é fácil. Mas também é recompensador, e estou comprometida em seguir com determinação, paixão e perseverança.

Percebeu que falei sobre colocar o cliente no centro de todas as suas decisões? No capítulo 5, falei sobre excelência no atendimento ao cliente.

Empreender nada mais é do que satisfazer as necessidades do seu cliente com excelência.

Simples, não é?

Na teoria sim, porém, na prática, muitos pecam aqui, deixando o cliente a ver navios.

Como empreender é cuidar do cliente e, consequentemente, gerar renda, deixo aqui algumas dicas de como cuidamos de nossos clientes e minhas empresas.

Para mim, tratar o cliente com excelência não é apenas uma estratégia de negócios, é uma convicção profunda que permeia cada aspecto do meu trabalho. Desde o momento em que uma pessoa entra em contato com uma de minhas empresas até muito além da conclusão de uma transação, estou comprometida em oferecer uma experiência acima das expectativas.

Cada interação com um cliente é uma oportunidade preciosa para construir confiança, estabelecer conexões genuínas e demonstrar meu compromisso inabalável com a satisfação e o bem-estar. Eu entendo que cada cliente é único, com as próprias necessidades, desejos e expectativas, é por isso que faço questão de ouvir atentamente, compreender profundamente e agir de forma proativa para superar as expectativas.

Nos bastidores da minha empresa, tudo gira em torno do cliente. Desde o *design* do produto até a estratégia de *marketing*, desde os processos operacionais até a inovação tecnológica, cada decisão é tomada com o objetivo de proporcionar uma experiência excepcional que não apenas atenda, mas supere as necessidades do cliente.

Para mim, tratar o cliente com excelência não é apenas uma obrigação comercial, é uma expressão do meu compromisso com a qualidade, a integridade e a excelência em tudo que faço. É criar laços de confiança, respeito e admiração, transformar clientes em verdadeiros embaixadores da minha marca.

Em um mundo onde a concorrência é acirrada e as expectativas dos clientes estão sempre em evolução, a excelência no atendimento é o diferencial que distingue as empresas de sucesso das demais.

Para mim, é mais do que uma estratégia de negócios, é uma filosofia de vida, uma expressão do meu compromisso inabalável com a qualidade, a integridade e a excelência em tudo que faço.

Este capítulo servirá como base para meu próximo livro, que é como um guia para Excelência no Atendimento ao Cliente nas minhas empresas.

1. Conheça seu cliente

– Entenda as necessidades, preferências e expectativas do seu cliente.

– Crie perfis de cliente detalhados para personalizar o atendimento.

2. Seja empático – Coloque-se no lugar do cliente e demonstre compreensão.

– Escute atentamente as preocupações e mostre interesse genuíno em ajudar.

3. Comunique-se com clareza – Use uma linguagem simples e direta para evitar mal-entendidos.

– Esteja disponível para responder a perguntas e fornecer informações claras.

4. Esteja disponível e acessível

– Ofereça múltiplos canais de comunicação, como telefone, e-mail, *chat* on-line e redes sociais.

– Responda prontamente às consultas e a mensagens dos clientes.

5. Seja proativo

– Antecipe as necessidades do cliente e ofereça soluções antes mesmo que ele peça.

– Informe os clientes sobre atualizações, novos produtos ou serviços relevantes para eles.

6. Resolva problemas com rapidez e eficiência

– Trate as reclamações dos clientes com urgência e diligência.

– Ofereça soluções rápidas e satisfatórias, buscando resolver o problema na primeira interação.

7. Mantenha a calma e o profissionalismo

– Mesmo diante de clientes irritados ou insatisfeitos, mantenha a compostura e responda com cortesia e profissionalismo.

– Evite entrar em confronto e concentre-se em encontrar uma solução satisfatória.

8. Mostre reconhecimento e gratidão

– Agradeça aos clientes pela sua preferência e pelo *feedback* recebido.

– Reconheça a fidelidade do cliente com programas de recompensa ou ofertas exclusivas.

9. Aprenda com o *feedback* do cliente

– Valorize as opiniões dos clientes e use os *feedbacks* deles para melhorar continuamente.

– Esteja aberto a críticas construtivas e tome medidas para corrigir falhas ou deficiências identificadas.

10. Busque a excelência constante

– Estabeleça padrões elevados de atendimento ao cliente e trabalhe para superá-los consistentemente.

– Incentive uma cultura organizacional centrada no cliente, na qual todos os colaboradores estejam comprometidos em oferecer um serviço excepcional.

Lembrando que a excelência no atendimento ao cliente não é apenas uma tarefa de uma única pessoa ou departamento, mas sim uma responsabilidade de toda a organização. Ao seguir essas lições práticas, você estará no caminho certo para criar uma experiência excepcional para seus clientes e construir relacionamentos duradouros com eles.

CAPÍTULO 15
FÉ E PROPÓSITO

Desde o início da minha jornada, em cada decisão, cada caminho a ser escolhido, a fé no Deus único, a fé que recebi emprestada dEle e o propósito tornaram-se os alicerces que sustentaram minha visão empreendedora. Em Conexão com o Deus altíssimo, mergulho na influência profunda que a fé exerceu em minhas decisões, moldando o caminho que trilhei e fornecendo uma bússola moral para guiar cada passo.

De onde vem essa fé?

Minha mãe me apresentou essa fé no Senhor Jesus. Com oito anos de idade, ela me levava com as minhas irmãs nas reuniões na igreja e a semente foi plantada dentro de mim, o versículo na Bíblia diz: "Educa a criança no caminho em que deve andar; e até quando envelhecer não se desviará dele" (Provérbios 22:6).

A cada escolha que fiz, sabia que, sem o Senhor ao meu lado, não conseguiria. Essa fé não é apenas um aspecto isolado, permeia cada decisão, trazendo clareza e discernimento.

Tudo que relato neste livro, todas as ideias que tive que me levaram ao sucesso em minha jornada empreendedora e pessoal, na história que você acabou de ler, foram ideias divinas. Ele me inspira, eu não teria essas sábias ideias sem Ele. Muitos dizem: "foram os seus esforços, você trabalhou para isso, você fez acontecer". Mas como? Se até para acordar eu dependo da misericórdia dEle? Porque se não for a vontade dEle, nada se concretiza.

Alguns preferem dar a glória para si, outros ao dinheiro, mas eu dou a glória ao Senhor e consumador da minha fé e costumo dizer que apenas administro tudo que ele colocou em minhas mãos. Tudo é dEle, para Ele e por Ele. A fé não é apenas um aspecto isolado, ela se entrelaça com cada escolha, proporcionando clareza e discernimento. Ao compartilhar experiências específicas, revelo como a fé guiou minhas decisões, muitas vezes desafiando as normas comerciais convencionais.

Você conhece as passagens a seguir, pequenas, porém muito poderosas?

"Respondeu-lhe o Senhor: Se tiverdes fé como um grão de mostarda, direis a esta amoreira: Arranca-te e transplanta-te no mar; e ela vos obedecerá" (Lc 17.6). "Pois em verdade vos digo que, se tiverdes fé como um grão de mostarda, direis a este monte: Passa daqui para acolá, e ele passará".

As passagens bíblicas de Lucas 17:6 e uma similar em Mateus 17:20, sobre a fé do tamanho de um grão de mostarda, transmitem uma poderosa mensagem a respeito da força e do potencial da fé, mesmo que pequena. A comparação com o grão de mostarda, uma das menores sementes conhecidas na época, sugere que uma quantidade mínima de fé verdadeira tem um grande poder. A ideia é que, com fé, mesmo que pareça insignificante aos olhos humanos, é possível realizar coisas extraordinárias, como mover montanhas ou transplantar árvores. Esses versículos ressaltam a capacidade da fé em superar obstáculos aparentemente insuperáveis.

Minha fé foi um apoio inabalável durante os momentos difíceis da minha vida. Não a vejo apenas como um refúgio nas adver-

FÉ E PROPÓSITO **141**

Muro das Lamentações: pedidos que levei do Brasil.

sidades, mas como uma fonte de força que me dá clareza e perspectiva. Em todas as provações que enfrentei, a fé se mostrou mais do que uma resposta aos desafios, mas sim uma força transformadora em todos os aspectos da vida.

Observando a influência profunda da minha fé em Deus em todos os aspectos da minha vida e nos negócios, William, meu marido, encontrou inspiração para embarcar em sua própria jornada de fé. Ele nunca foi impulsionado por uma exigência minha, mas sim pela evidência do impacto positivo que a fé tinha em mim. A decisão dele de buscar um relacionamento com Deus veio do seu reconhecimento do equilíbrio, força e clareza que a fé trazia para a minha vida. Foi uma escolha pessoal, motivada pelo desejo de compartilhar esse aspecto tão essencial e transformador da vida comigo. E este é meu testemunho sobre o papel da fé como alicerce, mesmo nos momentos mais turbulentos.

A passagem de Marcos 9:23, em que Jesus diz: "Se podes? Tudo é possível ao que crê", é uma expressão poderosa sobre a importância da fé. Nesse contexto, Jesus está enfatizando que, para aqueles que têm fé verdadeira, não existem limites para o que pode ser alcançado. A fé, portanto, é apresentada como uma força poderosa capaz de superar obstáculos aparentemente insuperáveis.

Essa passagem é frequentemente citada para ilustrar o poder transformador da fé e como ela pode impactar positivamente a vida de uma pessoa, abrindo caminhos para realizações extraordinárias que podem parecer impossíveis aos olhos humanos.

Tais palavras de Jesus não são apenas um mantra otimista, mas também uma declaração de poder. Ela ressoa nas histórias de superação, nos feitos extraordinários e nos momentos em que, contra todas as probabilidades, a fé se tornou a força motriz que impulsionou indivíduos a alcançarem o aparentemente impossível.

Diante de tudo que Deus fez na minha vida, ainda me vejo como um pequeno grão de areia perante Sua imensidão. Ele é o

Israel: Mesquita Al-Aqsa em Jerusalém.

centro de tudo, e sem a Sua presença, nada do que conquistei teria sido possível. Acredito que dizer que Deus já fez tudo por mim seria ignorar que muito mais Ele pode fazer. Ele é o alicerce que me sustenta, a força que me permite continuar. Em cada passo da minha jornada, vejo Sua mão me guiando, e isso é o que me dá esperança e confiança para o futuro.

O verso "Ora, a fé é o firme fundamento das coisas que se esperam, e a prova das coisas que não se veem", encontrada em Hebreus 11:1, é uma das definições mais fundamentais e profundas da fé no contexto cristão. Ela indica que a fé é a base segura para as esperanças dos crentes, mesmo para aquelas coisas que ainda não se manifestaram ou que não são visíveis. Essa passagem enfatiza que a fé atua como uma evidência ou prova de realidades espirituais ou promessas divinas que ainda não se tornaram realidade física ou visível. Portanto, a fé é descrita como uma convicção inabalável em algo, apesar da falta de evidência física.

A afirmação de Jesus: "Eu sou a videira; vocês são os ramos. Se alguém permanecer em mim e eu nele, esse dará muito fruto; pois sem mim vocês não podem fazer coisa alguma" (João 15:5), no contexto cristão, é uma metáfora usada para descrever a relação entre Ele e seus seguidores. Ele é a videira, a fonte de vida e nutrição, enquanto os seguidores são os ramos, que dependem da videira para crescer e dar frutos. A passagem enfatiza a importância de permanecer unido a Cristo, pois sem Ele os seguidores não seriam capazes de produzir frutos espirituais ou alcançar seus propósitos.

Conectar-se com sua fé e com o divino é um convite para todos os empreendedores considerarem o papel transformador que eles podem desempenhar em suas vidas e em seus negócios. Que esta jornada espiritual sirva como um farol em meio à complexidade do mundo empresarial, guiando a todos rumo a um propósito mais profundo e significativo.

Jerusalém: Muro das Lamentações.

MENSAGEM FINAL

Ao me preparar para escrever este texto, enquanto falava com algumas pessoas próximas sobre o lançamento e a realização de mais este sonho, recebi o áudio de um tio querido, que tentarei transcrever mesmo não sendo possível transmitir toda a emoção que as palavras carregam:

> *"Deus te abençoe, Deus te honre sempre, filha. O tio está emocionado... Poxa, ver minha sobrinha, aquela magrinha, miudinha, um dia ali, sentada na calçada, tadinha. Falou: Tio, um dia eu vou vencer... E você... assim, sem palavras!"*

Eu tinha quatorze anos naquela época, estava passando por uma situação bem difícil, ali, sentada naquela calçada, quando lhe disse essas palavras. Eu sei que as batalhas são diárias, nunca acabam.

Mas eu venci e continuarei vencendo com a direção de Deus.

Se lembra da casa sem telhado?

Então, aquela casa que um dia foi simples e modesta se transformou em um lindo sobrado, graças ao nascimento da Alpha. Era um sonho que eu tinha: proporcionar à minha mãe um lar digno. Parece um pouco louco, mas coloquei a laje enquanto nós duas morávamos lá dentro. Em seguida, construímos mais um andar, transformando-a em um sobrado. Todos os móveis antigos, que mal podíamos chamar de móveis de tão desgastados, foram substituídos por novos.

Foram caminhões e caminhões de materiais de construção. Lembro que naquela época eu não tinha cartão de crédito nem cheque para pagar. Então, tomei uma decisão ousada. Fui até o depósito de materiais de construção e propus ao dono: "Preciso comprar tudo isso, mas não tenho como pagar de uma vez, porque não tenho cartão. Aceitaria se eu pagar R$ 5.000,00 a cada dia 5, até terminar a obra?". O dono aceitou minha proposta sem nem me conhecer, e assim foi até que eu quitasse todos os compromissos com o pedreiro e a loja de construção.

Foi nesse ponto da minha jornada que meu relacionamento com Deus tomou um novo rumo. Parecia que uma luz se acendeu em minha mente, e finalmente compreendi o propósito de vida que Ele tinha me reservado.

Ao encerrar este livro, reflito sobre minha jornada, uma história de fé, superação e empreendedorismo. Desde os primeiros passos na AlphaÔmega até a expansão para a Bio Beachwear e o ateliê de costura criativa, cada capítulo da minha vida foi marcado por desafios e conquistas.

Aprendi a importância da gestão eficiente, do equilíbrio entre vida pessoal e profissional, e a valorizar cada relação construída ao longo do caminho. Com todas essas teorias aplicadas na prática, as coisas acontecem. Finalizo a escrita deste livro com a notícia de que receberei o prêmio de melhor empreendedora de 2023, destaque no Brasil, pela revista Mulheres que brilham, em abril de 2024.

As adversidades que enfrentei fortaleceram minha fé e resiliência. A cada obstáculo, encontrei forças na minha fé em Deus, que foi a base de todas as minhas ações e decisões. Compartilho minha história com a esperança de inspirar outros a perseguirem seus sonhos com determinação e fé.

Que este livro sirva como um farol de esperança e uma afirmação positiva de que, com fé, trabalho árduo e a coragem de seguir seu coração, é possível transformar desafios em oportunidades e sonhos em realidade.

A vida é uma jornada de aprendizado contínuo, e a fé é o alicerce que nos mantém firmes em meio às tempestades. Que cada leitor encontre inspiração na minha história para escrever os próprios capítulos de sucesso e felicidade.

SOBRE SUELI BENVENUTO

Eleita embaixadora do International Business Institute (IBI) no ano de 2022, Sueli acumula passagem pela gigante Hewlett Packard Brasil e mais de 28 anos de experiência nos setores administrativo e de confecção, ocupando cargos Executivos e de Liderança.

Em 2011, assumiu uma trajetória empreendedora, ano em que fundou a AlphaÔmega Traduções, premiada pelo The Winner Awards nos anos de 2017, 2018, 2019, 2020 e 2021, nas categorias de "reputação empresarial" e "prêmio internacional de excelência no atendimento".

Em 2018, lançou a Bio Beachwear (moda praia) e, em 2020, no auge da covid-19, nasceu a Máscaras da Su, marca pioneira em máscaras de tecido no Brasil. Bacharel em Processos Gerenciais pelo Centro Universitário Nove de Julho, acumula alguns cursos complementares em oratória e *marketing*.

Mãe de duas *pets* felinas.